스마트
비즈니스
영어회화
핵심 패턴

스마트
비즈니스
영어회화
핵심 패턴

초판 인쇄일 2017년 7월 24일
초판 발행일 2017년 7월 31일

지은이 이수용
발행인 박정모
등록번호 제9-295호
발행처 도서출판 **혜지원**
주소 (10881) 경기도 파주시 회동길 445-4(문발동 638) 302호
전화 031)955-9221~5 팩스 031)955-9220
홈페이지 www.hyejiwon.co.kr

기획 김형진   진행 엄진영
디자인 김보라
영업마케팅 김남권, 황대일, 서지영
ISBN 978-89-8379-941-8
정가 15,000원

Copyright © 2017 by 이수용 All rights reserved.
No Part of this book may be reproduced or transmitted in any form,
by any means without the prior written permission on the publisher.

이 책은 저작권법에 의해 보호를 받는 저작물이므로 어떠한 형태의 무단 전재나 복제도 금합니다.
본문 중에 인용한 제품명은 각 개발사의 등록상표이며, 특허법과 저작권법 등에 의해 보호를 받고 있습니다.

이 도서의 국립중앙도서관 출판예정도서목록(CIP)은 서지정보유통지원시스템 홈페이지(http://seoji.nl.go.kr)와
국가자료공동목록시스템(http://www.nl.go.kr/kolisnet)에서 이용하실 수 있습니다.(CIP제어번호: CIP2017014549)

스마트 비즈니스 영어회화 핵심 패턴

이수용 지음

혜지원

머리말

인터넷 및 통신 기술의 발달로 세계는 점점 더 좁아지고 있다. 특히 다양한 방법과 매개체를 통해 기업 간 또는 해당 업무 담당자들 간의 교류, 협상, 거래 기회가 더욱 많아졌다. 이로 인해 국제 공용어로 자리 잡은 영어는 비즈니스 분야에 종사하는 사람들에게는 일상의 언어가 되었으며, 이같은 환경에서 요구되는 영어 능력은 개인과 기업의 경쟁력 강화 및 생존을 위한 필수 요소가 되었다.

본 교재는 이러한 필요에 부응하기 위한 비즈니스 영어 표현 학습서이다. 비즈니스 현장에서 실제로 발생할 수 있는 상황을 설정하고, 그 상황에서 가장 적합하고 활용 빈도가 높은 표현들을 수록했다. 교재의 주 대상 독자는 경제 및 경영을 전공하는 상경 계열의 대학생이나, 무역회사나 외국계 기업 입사를 목표로 하는 취업 준비생 또는 회사나 기업체에서 해외 업무를 담당하고 있는 직장인이다.

교재의 내용은 업무상 만나는 사람들과의 간단한 인사와 자기소개부터 전화 업무, 해외 출장, 해외의 비즈니스 파트너들을 상대로 회의나 발표를 하는 경우에 이르기까지 각종 비즈니스 상황에서 필요한 다양한 표현 구문들을 주제별로 나누어 체계적으로 정리하였다.

교재의 구성은 비즈니스 현장에서 발생할 수 있는 상황을 주제별로 25개 Unit으로 나누고, 각 Unit은 6개에서 8개의 Pattern으로 구성된다. Pattern은 다시 Basic Pattern과 실제 상황 대화인 Situation Dialog 그리고 Exercise 연습 문제로 나누어 각 Pattern 당 최소 9개 이상의 예문이 다루어진다.

또한, MP3 음성 파일로 청취 연습과 함께 정확한 발음을 익힐 수 있으며, 시간과 장소에 구애받지 않고 언제든지 반복 학습이 가능하다. 교재의 마지막에는 Index를 수록하여 필요할 때 원하는 표현을 가나다순으로 찾아서 참고하고 인용할 수 있는 사전적 기능까지 첨가했다.

아무쪼록 본 교재가 독자들의 영어 수준을 한 단계 더 업그레이드시키고, 원하는 목표를 향해 가는데 도움이 될 수 있기를 바란다. 학습자 여러분의 건투와 건승을 빈다.

저자 이수용

- **비즈니스 에티켓**

글로벌 비즈니스 환경에서 알아야 할 보편적인 예의와 규범에 관해 개괄적으로 소개한다. 이를 통해 의도치 않은 실수나 실례를 범하지 않고 원만한 비즈니스를 진행할 수 있을 것이다. 내용은 다음과 같은 순서로 진행된다.

1. 일반적 에티켓 (General etiquette)
2. 이메일 에티켓 (E-mail etiquette)
3. 전화 에티켓 (Telephone etiquette)
4. 회의석상에서의 에티켓 (Meeting etiquette)
5. 복장 규정 (Clothing etiquette Dress code)

- **본문 구성**

실제 비즈니스 상황에 필요한 필수 표현들을 주제에 따라 25개 unit으로 나누고 상황별 표현 구문을 177개 pattern으로 분류했다. 각 Pattern은 다시 기본 문형인 Basic Pattern 5개, AB 또는 ABA 유형의 상황 대화인 Situation Dialog 그리고 실전 표현 연습 문제인 Exercise 2개 문항으로 구성된다.

- **Unit**

Unit은 본 교재의 가장 큰 분류 단위이다. 전체 25개 상황으로 나누어져 있으며, 업무상 사람을 만나거나 전화 통화를 할 때 필요한 기본 표현에서부터 회의에 참석하고 프레젠테이션을 하는데 필요한 고급 표현에 이르기까지 실제 비즈니스 상황에서 발생할 수 있는 거의 모든 상황들을 다룬다.

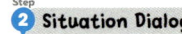

- **Preview**

Unit의 첫 도입부에 제시되는 예문이다. 이 예문들은 Unit을 구성하고 있는 pattern에서 다루어지는 문형의 모범 문장들이다. 교재의 본문인 Pattern에서 다루게 될 문장들을 미리 개괄적으로 살펴볼 수 있는 예습의 기회를 제공한다.

- **Pattern**

비즈니스 업무 상황에 필요한 표현을 학습하는 교재의 메인 파트이다. 교재 전체를 통해 177개의 pattern을 다룬다. 내용은 문형의 상황을 설명하는 intro와 함께 1. Basic Pattern, 2. Situation Dialog, 3. Exercise로 나누어진다.

- **Step 1 : Basic Pattern**

비즈니스의 실제 상황에 적용시킬 수 있는 기본 문형으로 5개의 sample sentence가 제공된다. 문형을 익힌 후, 한글 표현만 보고 영문장을 그대로 표현할 수 있을 때까지 반복 연습한다. 제공되는 음성 파일을 통해 listening & repeat을 반복해서 정확한 발음을 익히는 것도 중요한 과정이다.

- **Step 2 : Situation Dialog**

Pattern 문형이 실제 대화 상황에서 어떻게 활용될 수 있는지를 보여주는 Sample 대화이다. AB 또는 ABA 유형으로 구성된다. 대화를 읽고 이해한 후, 녹음 파일을 통해 반복해서 청취한다. 대화를 듣고 그대로 따라 하는 연습을 해볼 것을 권한다. 문형을 익히고 표현의 응용력을 향상시키는데 많은 도움이 될 것이다.

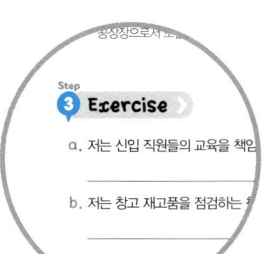  

- **Step 3 : Exercise**

Basic Pattern에서 학습했던 문형을 응용해서 표현하는 영작 연습문제이다. 한글 문장 다음에 있는 괄호 안에 영작에 필요한 어휘를 힌트로 제시한다. 힌트의 도움 없이 정확히 영문을 표현할 수 있을 때까지 반복해서 연습할 것을 권한다.

- **Unit Exercise**

Unit에서 다룬 문형을 전체적으로 복습하는 종합 연습문제이다. 학습 방법은 Pattern Exercise에서 했던 것과 동일하다. 한글 표현을 보고 완전한 영어 문장을 글 또는 말로 표현할 수 있을 때까지 반복 연습한다.

- **Appendix(부록)**

부록에서는 비즈니스 업무 과정에서 사용 빈도가 높은 시간과 날짜를 정확하게 표현하는 방법을 익히고, 이와 더불어 영미 철자법 및 단어의 차이와, 채팅 또는 텍스트 메시지에서 사용되는 약어의 종류들을 알아 본다.

1. 시간 및 날짜 표현
2. 영미 철자법의 차이
3. 영미 단어의 차이
4. 채팅 및 텍스트 메시지 약어(Chat acronyms & text message shorthand)

- **인덱스**

Pattern별로 분류된 영어 표현을 한글 가나다 순으로 배열하여, 필요할 때 사전으로 참고 및 인용할 수 있도록 했다.

목차

004 | 머리말
005 | 이 책의 구성 및 학습방법

• 비즈니스 에티켓

016 | 1. 일반적 에티켓 (General etiquette)
017 | 2. 이메일 에티켓 (E-mail etiquette)
018 | 3. 전화 에티켓 (Telephone etiquette)
019 | 4. 회의석상에서의 에티켓 (Meeting etiquette)
020 | 5. 복장 규정 (Clothing etiquette Dress code)

Unit 01. 인사 및 자기소개

024 | **Pattern 001.** It is nice to~ ~반갑습니다
025 | **Pattern 002.** My name is ~ 저의 이름은 ~입니다
026 | **Pattern 003.** I work~ ~에서 근무합니다
027 | **Pattern 004.** I come from ~ 저는 ~출신입니다
028 | **Pattern 005.** I am in charge of~ ~을 담당하고 있습니다
029 | **Pattern 006.** I am responsible for~ ~에 책임이 있습니다
030 | **Unit Exercise**

Unit 02. 업무 지시 및 문의

032 | **Pattern 007.** Can you explain~? ~설명 좀 해 주시겠습니까?
033 | **Pattern 008.** I'd like you to ~ 당신이 ~해 주었으면 합니다
034 | **Pattern 009.** How about~? ~하는 것이 어떨까요?
035 | **Pattern 010.** Have you finished~? ~은 끝났나요?
036 | **Pattern 011.** When do I have to~? 언제 ~해야 하나요?
037 | **Pattern 012.** I have a problem with~ ~에 문제가 있습니다
038 | **Unit Exercise**

Unit 03. 전화 업무

040 | **Pattern 013.** This is~ from~ ~에서 근무하는 ~입니다
041 | **Pattern 014.** Can(May) I speak~? ~와 통화 할 수 있을까요?
042 | **Pattern 015.** I'm calling to(about)~ ~하려고 전화 드렸습니다
043 | **Pattern 016.** I'll connect you to~ / I'll put you through to~ ~로 연결해 드리겠습니다
044 | **Pattern 017.** I'm afraid he(she) is~ / I'm sorry, but he(she) is~ 죄송하지만 그(그녀)는 ~입니다
045 | **Pattern 018.** Can(May) I~? ~해도 될까요?
046 | **Pattern 019.** Please tell him that~ 그에게 ~라고 전해 주세요
047 | **Pattern 020.** I will make sure to(that)~ 반드시 ~하도록 하겠습니다
048 | **Unit Exercise**

Unit 04. 이메일

050 | **Pattern 021.** I am writing to~ / I am e-mailing you to~ /
       I am writing this e-mail to~ ~하기 위해 이메일을 씁니다

051 | **Pattern 022.** I'd like to inquire about~   ~에 대해 문의하고 싶습니다
052 | **Pattern 023.** I am responding to~ / I am writing in response to~
　　　　　　　　　　~에 대한 답변입니다
053 | **Pattern 024.** Please send us~   ~을 보내주십시오
　　　　　　　　　　Can you please send us~?   ~을 보내주시겠습니까?
　　　　　　　　　　I would appreciate if you send us~   ~을 보내주시면 고맙겠습니다
054 | **Pattern 025.** We are happy to inform you~ / We are pleased to inform you~
　　　　　　　　　　~을 알리게 되어 기쁩니다
055 | **Pattern 026.** I am sorry to inform you that~ / We regret to inform you that~
　　　　　　　　　　~을 알려 드리게 되어 유감입니다
056 | **Pattern 027.** I am attaching~ / I have attached~ / I have enclosed~
　　　　　　　　　　~을 첨부했습니다
057 | **Pattern 028.** If you have any further questions~   추가 문의 사항이 있으시면~
058 | **Unit Exercise**

Unit 05. 업무 일정

060 | **Pattern 029.** We're scheduled to~   ~할 예정입니다
061 | **Pattern 030.** When is ~ due? / When is the due date for~
　　　　　　　　　　~의 마감일은 언제인가요?
062 | **Pattern 031.** When do you expect to~?   언제 ~할 것으로 예상하나요?
063 | **Pattern 032.** Can you finish~ by~?   ~을 ~까지 끝낼 수 있나요?
064 | **Pattern 033.** It will be ready~ / It will be done by~   ~까지는 준비될/끝날 것입니다
065 | **Pattern 034.** ~behind schedule   ~예정보다 늦어지고 있습니다
066 | **Unit Exercise**

Unit 06. 일정 조정 및 변경

068 | **Pattern 035.** Can we reschedule~? / Is it possible to reschedule~?
　　　　　　　　　　~을 재조정이 가능할까요?
069 | **Pattern 036.** Can we move up the meeting~? /
　　　　　　　　　　Can we bring the meeting forward~?   ~로 회의를 앞당길 수 있나요?
070 | **Pattern 037.** Can we push the meeting back~?   ~로 회의를 늦출 수 있을까요?
071 | **Pattern 038.** Can I get an extension on~?   ~에 대한 기일을 연장 받을 수 있나요?
072 | **Pattern 039.** I am available~   ~에 시간이 있습니다
073 | **Pattern 040.** I am booked up~ / I am on a tight schedule~
　　　　　　　　　　~의 일정이 꽉 차있습니다
074 | **Unit Exercise**

Unit 07. 약속 및 접대

076 | **Pattern 041.** Can we meet~?   ~만날 수 있을까요?
077 | **Pattern 042.** Are you free~? / Do you have free time~? / Are you available~?
　　　　　　　　　　~시간이 있으세요?
078 | **Pattern 043.** Is it convenient for you to~? / Would it be convenient for you to~?
　　　　　　　　　　~해도 괜찮으시겠습니까?

079 | **Pattern 044.** Let's make it~ ~에 만납시다
080 | **Pattern 045.** I'll be waiting~ ~에서 기다리겠습니다
081 | **Pattern 046.** I'll drop by~ ~에 잠깐 들르겠습니다
082 | **Pattern 047.** I'll pick you up~ ~데리러 가겠습니다
083 | **Pattern 048.** I'll give you a ride~ / I'll give you a lift~ ~차로 데려다 드리겠습니다
084 | **Unit Exercise**

Unit 08. 면접

086 | **Pattern 049.** I am ~ 저는 ~입니다 / I grew up ~ 저는 ~에서 자랐습니다
087 | **Pattern 050.** I graduated from~ ~을 졸업했습니다 /
　　　　　　　　　　I studied at~ ~에서 공부했습니다
088 | **Pattern 051.** I have worked~ ~근무한 적이 있습니다 /
　　　　　　　　　　I have been working~ ~근무해 왔습니다
089 | **Pattern 052.** I am ~ 저는 ~입니다 / I enjoy ~ 저는 ~을 좋아합니다
090 | **Pattern 053.** I have ~ ~(자질 또는 능력)을 보유하고 있습니다 /
　　　　　　　　　　I am good at~ ~에 능숙합니다
091 | **Pattern 054.** My weakness is~ 저의 약점은 ~입니다 /
　　　　　　　　　　I tend to~ 저는 ~하는 경향이 있습니다
092 | **Unit Exercise**

Unit 09. 회의

094 | **Pattern 055.** We are having a meeting~ / We are going to have a meeting
　　　　　　　　　　~회의가 있습니다
095 | **Pattern 056.** We're here today to~ 우리는 ~하기 위해 이곳에 모였습니다
　　　　　　　　　　The purpose of the meeting is to~ ~회의의 목적은 ~하기 위한 것입니다
096 | **Pattern 057.** Let's start with~ ~부터 시작합니다
　　　　　　　　　　The first item on the agenda is~ 첫 번째 안건은 ~입니다
097 | **Pattern 058.** My point is that~ 저의 요점은 ~입니다
098 | **Pattern 059.** What is your opinion on~? ~에 대한 당신의 의견은 무엇입니까?
099 | **Pattern 060.** I agree with~ ~에 동의합니다
100 | **Pattern 061.** I disagree with~ / I don't agree with~ ~에 동의하지 않습니다
101 | **Pattern 062.** We have decided~ 우리는 ~을 결정했습니다
102 | **Unit Exercise**

Unit 10. 발표

104 | **Pattern 063.** My topic today is~ / The topic of my presentation is~
　　　　　　　　　　저의 주제는 ~입니다
105 | **Pattern 064.** My presentation consists of~ 저의 발표는 ~로 구성됩니다
　　　　　　　　　　My presentation is divided into~ 저의 발표는 ~로 나누어집니다
106 | **Pattern 065.** Let's begin with~ / I'd like to begin with~ ~에서 시작하겠습니다
107 | **Pattern 066.** Firstly~ / To begin with~ / To start with~ 첫 번째로
108 | **Pattern 067.** Let's move on to~ / I'll move on to~ ~로 넘어가겠습니다

| 109 | **Pattern 068.** | I want to stress~ / I'd like to emphasize~ ~을 강조하고 싶습니다
| 110 | **Pattern 069.** | Please look at~ / Please take a look at~ ~을 봐 주십시오
| 111 | **Pattern 070.** | This graph shows~ 이 도표는 ~을 보여줍니다
| 112 | **Pattern 071.** | In closing~ 끝으로 / In conclusion~ 결론적으로
| 113 | **Pattern 072.** | If you have any questions ~ 질문이 있으시다면 ~
| 114 | **Unit Exercise**

Unit 11. 제안 및 타협

| 116 | **Pattern 073.** | I suggest~ ~을 제안합니다
| 117 | **Pattern 074.** | I can give you~ / I can offer you~ ~을 제공할 수 있습니다
| 118 | **Pattern 075.** | We are considering~ 우리는 ~을 고려하고 있습니다
| 119 | **Pattern 076.** | We are willing to ~ 우리는 기꺼이 ~을 하겠습니다
| 120 | **Pattern 077.** | We are in favor of ~ 우리는 ~에 찬성합니다
| 121 | **Pattern 078.** | We have no alternative but to~ 우리는 ~하는 것 외에는 다른 대안이 없습니다
| 122 | **Unit Exercise**

Unit 12. 사업 및 제품 문의

| 124 | **Pattern 079.** | We are interested in~ 우리는 ~에 관심이 있습니다
| 125 | **Pattern 080.** | We are looking for~ 우리는 ~을 찾고 있습니다
| 126 | **Pattern 081.** | Can you supply~? / Can you supply us with~? ~을 공급해주실 수 있나요?
| 127 | **Pattern 082.** | What kind of products~? 어떤 종류의 제품을~?
| 128 | **Pattern 083.** | We'd like to get information on~ ~에 대한 정보를 얻고 싶습니다
| 129 | **Pattern 084.** | Please let me know if ~ in stock ~의 재고가 있는지 알려주세요
| 130 | **Pattern 085.** | Please explain the details of~ ~에 대한 세부사항을 설명해주세요
| 131 | **Pattern 086.** | Please send us~ ~를 보내주십시오
| 132 | **Unit Exercise**

Unit 13. 회사 및 제품 소개

| 134 | **Pattern 087.** | We are based in~ 저희 회사는 ~에 소재하고 있습니다
| 135 | **Pattern 088.** | We specialize in~ / We are a company specializing in~
| | | 저희 회사는 ~을 전문으로 합니다
| 136 | **Pattern 089.** | The target market is~ 목표 시장은 ~입니다
| 137 | **Pattern 090.** | It will be released~ ~에 출시될 것입니다
| 138 | **Pattern 091.** | We have launched~ ~을 출시했습니다
| 139 | **Pattern 092.** | This product is designed to~ 이 제품은 ~하도록 설계되었습니다
| 140 | **Unit Exercise**

Unit 14. 보증 및 서비스

| 142 | **Pattern 093.** | What is the warranty period for~? ~에 대한 보증 기간은 얼마인가요?
| | | What warranty do you offer on~? ~에 대해 어떤 보증을 제공하나요?
| 143 | **Pattern 094.** | It comes with~ ~이 제공됩니다

| 144 | **Pattern 095.** We guarantee~ / We can guarantee~ ~을 보장할 수 있습니다
| 145 | **Pattern 096.** The warranty covers~ 보증은 ~이 포함됩니다
        The warranty does not cover~ 보증은 ~는 포함되지 않습니다
| 146 | **Pattern 097.** The warranty applies to~ 보증은 ~에 적용됩니다
        The warranty does not apply to~ 보증은 ~에는 적용되지 않습니다
| 147 | **Pattern 098.** We provide~ ~을 제공합니다
| 148 | **Unit Exercise**

Unit 15. 가격 협상

| 150 | **Pattern 099.** What is the price of~? ~은 얼마입니까?
| 151 | **Pattern 100.** We offer a discount~ ~할인 혜택을 드립니다
| 152 | **Pattern 101.** Can you reduce the price~? ~가격을 낮출 수 있나요?
        Can you bring the price down~? ~가격을 낮출 수 있나요?
| 153 | **Pattern 102.** We will reduce~ ~을 낮추겠습니다
| 154 | **Pattern 103.** This is the best price~ 이 가격은 ~최저가입니다
        We cannot offer ~ any further 우리는 더 이상 ~할 수 없습니다
| 155 | **Pattern 104.** Can I pay~? ~로 지불해도 될까요? / I'd like to pay~ ~로 지불하고 싶습니다
| 156 | **Pattern 105.** There is a fee for~ ~에 대한 수수료가 있습니다
| 157 | **Pattern 106.** Payment is due~ / Payments must be made~
        대금은 ~까지 지불되어야 합니다
| 158 | **Unit Exercise**

Unit 16. 주문

| 160 | **Pattern 107.** I'd like to buy~ / I'd like to purchase~ ~을 구매하고 싶습니다
| 161 | **Pattern 108.** I'd like to order~ / I'd like to place an order for~ ~을 주문하고 싶습니다
| 162 | **Pattern 109.** ~out of stock ~은 품절입니다
| 163 | **Pattern 110.** ~available ~구입할 수 있습니다 / ~not available ~구입할 수 없습니다
| 164 | **Pattern 111.** How many ~ do you need? ~이 몇 개 필요하십니까?
| 165 | **Pattern 112.** What size/type of ~ do you need? 어떤 크기의/종류의 ~이 필요한가요?
| 166 | **Unit Exercise**

Unit 17. 주문 변경 및 취소

| 168 | **Pattern 113.** I would like to change~ / I would like to make a change to~
        ~을 바꾸고자/변경하고자 합니다
| 169 | **Pattern 114.** Please cancel~ / I'd like to cancel~ ~을 취소하고 싶습니다
| 170 | **Pattern 115.** I want to return~ / I'd like to return~ ~을 반품하고 싶습니다
| 171 | **Pattern 116.** We do not accept returns~ ~은 반품이 되지 않습니다
| 172 | **Pattern 117.** ~is missing ~이 빠졌습니다
| 173 | **Pattern 118.** ~has arrived damaged ~이 손상되어 도착했습니다
| 174 | **Unit Exercise**

Unit 18. 배송

- 176 | **Pattern 119.** How long does it take~ / How many days will it take~
  ~은 얼마나 오래(며칠이나) 걸리나요?
- 177 | **Pattern 120.** When can I expect~? 언제 ~을 받을 수 있을까요?
- 178 | **Pattern 121.** Can you send it by~? ~로 보내주실 수 있나요?
  I want you to send it by~ ~로 보내주시기를 바랍니다
- 180 | **Pattern 122.** We need these by~ 이것들이 ~까지 필요합니다
  Can you deliver these by~? ~까지 배송해주실 수 있나요?
- 181 | **Pattern 123.** Your order has been dispatched~ 귀하의 주문은 ~발송되었습니다
  Your order is being processed~ 귀하의 주문은 처리 중에 있습니다
- 182 | **Pattern 124.** The shipment will be delayed due to~ ~로 인해 배송이 지연될 것입니다
- 183 | **Pattern 125.** Your order will arrive~ 귀하의 주문은 ~에 도착할 겁니다
- 184 | **Unit Exercise**

Unit 19. 협상

- 186 | **Pattern 126.** Let's review~ ~을 검토해 봅시다
- 187 | **Pattern 127.** We cannot accept~ ~을 받아들일 수 없습니다
- 188 | **Pattern 128.** We require~ ~이 필요합니다
- 189 | **Pattern 129.** It is essential for us to~ / It is important for us to~
  ~하는 것이 필수입니다/중요합니다
- 190 | **Pattern 130.** There is no room for~ ~의 여지는 없습니다
- 191 | **Pattern 131.** Our priority is~ / ~should be a priority 우리의 우선 사항은 ~입니다
- 192 | **Pattern 132.** A major obstacle is~ / ~is a major obstacle 주된 장애 요인은 ~입니다
- 193 | **Pattern 133.** The bottom line is that~ 결론은 ~입니다
- 194 | **Unit Exercise**

Unit 20. 계약

- 196 | **Pattern 134.** We are prepared to~ ~할 준비가 되어 있습니다
- 197 | **Pattern 135.** We have no objection to~ ~에 이의가 없습니다
- 198 | **Pattern 136.** The last thing we want to do is~ 우리는 ~은 원하지 않습니다
- 199 | **Pattern 137.** We agreed~ / We reached an agreement~ 우리는 ~에 합의했습니다
- 200 | **Pattern 138.** ~go into effect ~효력을 발생합니다
- 201 | **Pattern 139.** The contract is valid for~ 계약은 ~까지 유효합니다
  The contract is valid only if~ 계약은 ~한 경우에만 유효합니다
- 202 | **Pattern 140.** The contract expires~ 계약은 ~에 종료됩니다
  The contract can be terminated~ ~계약은 종료될 수 있습니다
- 203 | **Pattern 141.** The contract can be renewed~ 계약은 ~연장될 수 있습니다
- 204 | **Unit Exercise**

Unit 21. 불만 사항

- 206 | **Pattern 142.** We are not happy with~ / We are not satisfied with~
  우리는 ~에 만족하지 않습니다

207 | **Pattern 143.** I am disappointed with~ / We would like to express our disappointment at(from)~ ~에 실망했습니다
208 | **Pattern 144.** I have a complaint about~ / I'd like to complain about~ / I'd like to make a complaint about~ ~에 대한 불만이 있습니다
209 | **Pattern 145.** ~is not working / ~is out of order / ~does not function ~이 작동하지 않습니다
210 | **Pattern 146.** ~arrived damaged ~이 파손된 채 배달되었습니다
211 | **Pattern 147.** Damage has occurred to~ ~이 손상되었습니다
212 | **Pattern 148.** ~was ripped open ~이 찢어져 열렸습니다
213 | **Pattern 149.** I'd like to get a refund~ / I'd like to get my money back~ ~을 환불 받고 싶습니다
214 | **Unit Exercise**

Unit 22. 출장 및 여행

216 | **Pattern 150.** I am going on a business trip to~ ~로 출장을 갑니다
I will be out of office~ ~사무실 자리를 비웁니다
217 | **Pattern 151.** I'd like to book a flight to~ / I'd like to make a reservation for a flight to~ ~행 항공편을 예약하고 싶습니다
218 | **Pattern 152.** I'd like to change my flight time~ ~항공편 시간을 바꾸고 싶습니다
I'd like to change my reservation~ / I'd like to reschedule my reservation ~예약을 바꾸고 싶습니다
219 | **Pattern 153.** I'd like to confirm my flight reservation~ ~항공권 예약을 확인하고 싶습니다
I'd like to confirm my room reservation~ ~객실 예약을 확인하고 싶습니다
220 | **Pattern 154.** What time does the flight~? / When is the flight going to~? / What time does the train~? 비행기(기차는) 몇 시에 ~하나요?
221 | **Pattern 155.** I am here for~ / I am here to~ / The purpose of my visit is to~ 저의 방문 목적은 ~입니다
222 | **Unit Exercise**

Unit 23. 교통 이용 및 장소 찾기

224 | **Pattern 156.** Can you tell me how I can get to~? / Can you show me the way to~? ~까지 가는 길을 알려주시겠습니까?
225 | **Pattern 157.** Which way is it to~? / Which direction is it to~? ~는 어느 길인가요?
Which exit should I take to get to~? ~로 가려면 몇 번 출구로 가야 하나요?
226 | **Pattern 158.** Is there a bus that goes~? ~로 가는 버스가 있나요?
Which bus goes to~? 어느 버스가 ~로 가나요?
Where can I get a bus to~? ~로 가는 버스는 어디서 탈 수 있나요?
227 | **Pattern 159.** Where do I get off to go~? ~에 가려면 어디서 내려야 하나요?
228 | **Pattern 160.** How many stops are there before~? ~까지는 몇 정거장 남았습니까?
229 | **Pattern 161.** How long will it take to get to~? ~까지 가려면 얼마나 걸릴까요?
230 | **Pattern 162.** How much is the fare to~? ~까지 요금은 얼마인가요?
231 | **Pattern 163.** Please take me to~ / Would you take me to~ / Can you take me to~ ~로 가주세요

232 | **Unit Exercise**

Unit 24. 숙박 및 식당

234 | **Pattern 164.** I have reserved~ ~을 예약했습니다
　　　　　　　　　We have a reservation for~ ~로 예약했습니다
　　　　　　　　　I have a reservation in the name of~ ~라는 이름으로 예약을 했습니다
235 | **Pattern 165.** I'd like to check in~ ~숙박하고 싶습니다
　　　　　　　　　I need a room~ ~방이 필요합니다
　　　　　　　　　I want to stay here for~ ~동안 여기서 머물고자 합니다
236 | **Pattern 166.** I'd like to have a room with~ ~이 있는 방을 원합니다
　　　　　　　　　Do you have a room with~ ~이 있는 방이 있습니까?
237 | **Pattern 167.** Can I have a table~? ~자리를 주시겠어요?
　　　　　　　　　Do you have a table~ ~자리가 있나요?
　　　　　　　　　I would like a table~ ~자리를 원합니다
238 | **Pattern 168.** I'll have~ / I'd like~ ~로 하겠습니다
239 | **Pattern 169.** Can you bring me~? / Could you bring me~? ~을 가져다 주시겠습니까?
240 | **Unit Exercise**

Unit 25. 초대, 축하, 감사, 및 감정 표현

242 | **Pattern 170.** I would like to invite~ ~에 초대하고 싶습니다
　　　　　　　　　We are pleased to invite~ ~에 초대하게 되어 기쁩니다
243 | **Pattern 171.** I will be happy to attend~ / I would be happy to attend~
　　　　　　　　　~에 기꺼이 참석하겠습니다
244 | **Pattern 172.** I can't~ / I am not able to~ ~할 수가 없습니다
245 | **Pattern 173.** Thank you for~ / I appreciate~ / I am grateful to~ for~
　　　　　　　　　~에 감사합니다
246 | **Pattern 174.** Congratulations on~ / I congratulate you on~ ~을 축하합니다
247 | **Pattern 175.** I am sorry to hear~ ~라니 유감입니다
　　　　　　　　　I apologize for~ ~에 대해 사과드립니다
　　　　　　　　　Please accept my apologies for~ ~에 대한 사과를 받아주십시오
248 | **Pattern 176.** I am disappointed~ ~에 실망했습니다
249 | **Pattern 177.** I am expecting~ ~을 기대합니다
　　　　　　　　　I anticipate~ ~을 예상합니다
　　　　　　　　　I am looking forward to~ ~을 기대하고 있습니다
250 | **Unit Exercise**

• Appendix (부록)

251 | 1. 시간 및 날짜 표현   2. 영미 철자법의 차이   3. 영미 단어의 차이
　　　　4. 채팅 및 텍스트 메시지 약어(Chat acronyms & text message shorthand)

257 | 답안지
273 | 인덱스

비즈니스 에티켓

올바른 비즈니스 에티켓이란 주어진 상황에서 적절하게 행동하고 관련된 사람들과 올바르게 교류하는 기술이다. 올바른 에티켓은 비즈니스를 성공적으로 이끌어 가는 과정에서 중요한 역할을 한다. 반면 무지 또는 부주의에 의해 발생한 실수는 의도하고 있는 비즈니스 결과에 부정적인 영향을 줄 수 있다.

현대에 들어 교통과 통신의 발달로 인해 국가간의 교류가 활발해지면서 다른 나라 및 다른 문화권과의 비즈니스 기회가 점점 증가하고 있다. 세계 시장에서 국가 또는 문화권에 따라 지켜야 할 예의 및 규범의 종류는 그 폭이 매우 넓고 다양하기 때문에 한 마디로 규정을 짓기는 어려운 일이다. 그러나 그렇다고 해서 예절 또는 에티켓을 잘 지킨다는 것이 어렵다는 의미는 아니다.

예절의 기본 개념은 상대방에 대한 존중이다. 즉, 상대방에게 폐를 끼치거나 불편하게 하지 않는다는 것을 의미한다. 이 점에 있어서 시대와 장소를 가리지 않고 가장 보편적으로 적용할 수 있는 에티켓의 첫 번째 조건은 상대방에 대한 배려와 이해이며, 기본 원칙은 상식에 벗어나지 않는 언행과 친절이다.

이 점을 염두에 두고 서구 영어권 또는 더 나아가 글로벌 사회에서 지켜야 할 일반적인 예의와 규범을 개괄적으로 정리해 보았다.

1. 일반적 에티켓 (General etiquette)

❶ 인사 (greeting & shake hands)

현대에서 가장 흔하게 사용되는 인사인 악수는 오래전부터 내려오는 관습이다. 만나는 상대에게 무기를 감추고 있지 않다는 것을 보여 주기 위해 손바닥을 펴서 보여 주던 습관이 오늘날의 악수가 되었다. 악수를 할 때는 자리에 앉아 있었더라도 반드시 일어 나야 하며, 상대의 눈을 쳐다 보며 부드럽게 행하는 것이 좋다.

악수 자체가 인사이므로 악수를 하면서 고개를 숙일 필요는 없다. 또한 손을 지나치게 강하게 잡거나 두 손으로 감싸 쥐는 것도 좋은 태도에 속하지 않는다. 여성은 남성에게 악수 대신 가벼운 목례로 인사를 할 수 있다. 이 경우에는 남성도 같은 방법으로 인사를 하면 된다.

❷ 대화 (conversation)
대화에서 정치, 종교 또는 인종 등과 같은 주제는 가급적 피하는 것이 좋다. 사적 대화가 필요한 경우는 여행이나 취미 등과 같은 가볍고 일상적인 주제를 선택한다. 특히 상대방의 신체적 특징에 관해 농담하는 것은 큰 실례가 되므로 삼가야 한다.

아주 친밀한 사이가 아니라면 상대방의 나이를 묻는 것 또한 실례가 된다. 결혼 여부도 당사자가 먼저 말하기 전까지 묻지 않는 것이 좋다. 상대방으로부터 칭찬을 받았을 때는 우리말 식의 '아닙니다'와 같은 부정적 대답보다는 'Thank you' 등으로 감사의 표현을 하는 것이 바람직하다.

❸ 약속 (making a promise)
약속이란 상호간 필요에 의한 어떤 일을 행하겠다는 의사의 표현이다. 순간적으로 곤란한 상황을 피하기 위해, 지키지 못할 약속을 하는 것은 금물이다. 지킬 수 있는 사항만을 약속하고, 일단 약속을 했다면 반드시 지켜야 한다. 약속을 잊어버리거나 이행하지 않는 것은 자신의 신용을 잃는 것이며, 특히 비즈니스 무대에서는 상호간의 사업적 관계의 지속을 어렵게 만들 수 있다.

2. 이메일 에티켓 (E-mail etiquette)

❶ 제목 (Subject Line)
메일의 제목은 짧고 명료하게 기록한다. 대부분의 경우 사람들은 이메일의 제목을 보고 해당 메일을 열 것인가 또는 삭제할 것인가를 판단한다. 메일의 수신자가 제목을 보고 자신이 기다리고 있던 또는 필요한 정보가 들어있는 내용이라는 것을 한 눈에 알 수 있는 표현을 선택해야 한다.

❷ 이메일 주소 (Professional e-mail address)
업무상의 이메일을 보낼 때는 언제나 회사에서 사용하는 공적인 이메일을 사용해야 하며, 메일을 보내는 사람의 이름이 나타나게 해야 한다. 그렇게 하므로써 이메일의 수신자가 어느 회사의 누가 자신에게 메일을 보냈는지 알 수 있게 된다.

❸ 인적 사항과 연락처 (A signature block)
이메일의 하단에 메일을 보내는 사람에 관한 인적 정보와 연락처가 기록되어 있어야 한다. 이 사항에는 일반적으로 발신자의 이름(full name), 직위(title), 회사명(company name) 그리고 연락처와 전화 번호(your contact information including a phone number) 등이 포함된다.

❹ 적절한 호칭 (Use professional salutations)
친근한 사이라고 하더라도 업무상의 이메일을 보낼 때는 격식을 차리지 않은 일상적인 표현은 사용하지 않는다. 이름 또한 약칭(shortening)으로 부르는 것은 피하도록 한다. 즉, Hi Jonny보다는 Dear Jonathan으로 표기해야 한다. 어떤 경우에도 Hi folks나 Hey you guys와 같은 colloquial한 표현을 사용해서는 안된다.

❺ 농담 또는 joke (Be cautious with joke or humor)
허물이 없는 아주 절친한 사이가 아니라면 이메일에 농담이나 joke를 사용하는 것은 금물이다. 문화적 차이로 인한 오해의 소지도 있으며 해석상의 문제로 인해 의도했던 바와는 정반대의 효과를 낼 수도 있다.

❻ 내용 확인 (Proofreading)
이메일을 보내기 전에 자신이 쓴 글의 내용을 반복해서 읽고 확인하여 의도치 않은 표현상의 실수나 전하고자 하는 내용 중 빠진 것이 없는지 꼼꼼하게 살펴야 한다.

❼ 수신자 확인 (Double check your recipient)
자신이 메시지를 보내고자 하는 사람의 이메일 주소가 정확히 입력이 되어 있는지 재차 확인한다. 자칫 잘못하여 의도치 않은 다른 사람에게 중요한 정보가 전해질 수 있다. 한 번 잘못 보내진 이메일을 회수할 수 있는 방법은 없다.

❽ 기밀 사항 (No confidential information)
이메일은 쉽게 노출될 수 있고 copy 될 수 있다. 따라서 밝혀져서는 안되는 중요한 기밀 사항을 이메일로 논의해서는 안된다.

3. 전화 에티켓 (Telephone etiquette)

❶ 사전 준비 (preparation)
전화 번호를 누르기 전에 미리 통화할 내용을 머리 속에 정리하고 필요하다면 중요한 사항은 항목별로 메모를 해두는 것이 좋다.

❷ 보이스 메시지 (voice message)
통화자와 연결이 되지 않아 보이스 메시지를 남겨야 하는 상황도 염두에 둔다. 이 경우 본인의 신분과 용건 그리고 연락처를 남기는 것이 일반적이다. 메시지를 남길 때는 말의 속도는 천천히, 내용은 간단하고 명료하게 그리고 표현은 정확한 어구를 사용한다.

❸ 통화자의 신분 (identify yourself)
전화 연결이 되었을 때 먼저 자신의 신분을 밝히는 것은 전화 예절의 가장 기본적 사항이다.
예) • 사무실에서 전화를 받는 경우 : Hello, Sales Department, John Ross speaking.
  • 휴대폰으로 전화를 받는 경우 : Hello, John Ross here.
  • 본인이 전화를 거는 경우 : Hello, my name is John Ross from ATA Company. May I speak to Mr. Paul Williams, please?

❹ 대화의 속도와 톤
급하다는 이유로 말의 속도가 빨라지거나 또는 어조가 높아지지 않도록 주의한다. 어떤 상황에서도 항상 적절한 대화의 속도와 톤을 유지할 수 있도록 평정심을 잃지 않는 것이 중요하다.

❺ 불필요한 행동 금지
전화 통화 중에 불필요한 다른 행동을 해서는 안된다. 음식을 먹거나, 껌을 씹거나 또는 컴퓨터 키보드를 두드리는 것과 같은 행위는 대화의 집중도를 떨어트리며 상대방에게 불쾌감을 줄 수 있다.

❻ 통화중의 방문객
전화 통화 중에 다른 사람에 의해 방해를 받는 일이 발생하지 않도록 주의한다. 통화를 하고 있는 중에 방문객 등 다른 사람과 대화를 하는 것은 예의에 어긋나는 행동이다.

4. 회의석상에서의 에티켓 (Meeting etiquette)

❶ 시간 엄수 (punctuality)
약속 시간에 맞게 또는 몇 분 일찍 정해진 장소에 도착한다. 예정 시간보다 늦게 도착하여 상대방을 기다리게 하거나 다른 일정에 지장을 주어서는 안된다.

❷ 소개 (introduction)
처음 만나는 사람에게 자신을 소개하거나 또는 회의에 함께 참석한 일행을 소개해야 하는 상황이 있을 수 있다. 타인을 소개할 때는 연장자 또는 서열이 높은 사람 부터 차례로 소개하는 것이 일반적인 관례이다.

❸ 좌석 배치 (seat arrangement)
자신의 앉아야 할 좌석을 확인한다. 경우에 따라 배석자의 이름이 좌석 앞에 부착된 경우도 있으므로 다른 사람의 좌석에 앉는 실수를 범하지 않도록 한다. 마주 보고 앉는 원형 또는 사각형의 테이블인 경우, 의자의 높이를 조절하여 상대방과 눈의 높이가 같아질 수 있도록 조정한다.

❹ 의제 (agenda)
회의에 참석하기 전, 논의할 의제에 대해 충분히 검토하고 이해하고 있어야 한다. 본인이 제안하고자 하는 안건이 있다면 그 안건의 장단점과 그것이 받아들여져야 하는 이유에 대해 논리적으로 설명할 수 있는 준비가 되어 있어야 한다.

❺ 대화 및 토론 예절 (discussion)
발표를 하거나 의견을 말하는 경우, 참석자들 모두가 들을 수 있도록 충분히 크고 명료한 음성으로 표현해야 한다. 또한 다른 사람이 말하고 있는 도중에 끼어들거나 말을 막아서는 안된다.

❻ 회의 중 걸려 오는 전화 (incoming call)
회의 도중 걸려 오는 전화로 인해 대화의 진행이 방해받아서는 안된다. 회의 시작 전에 휴대폰을 끄거나 벨 소리를 진동으로 바꾼다. 휴대폰을 테이블 위에 올려 놓는 것은 금물이다. 미팅 중에 전화를 받거나, 메시지를 읽거나 보내는 것은 매우 무례한 행동으로 간주된다.

만약 일대일의 미팅에서 꼭 받아야 하는 중요한 전화가 있다면 사전에 전화가 올 수도 있다는 양해를 미리 구해두는 것도 한 가지 방법이 될 수 있다. 어쩔 수 없이 전화를 받아야 할 경우는 짧게 마치거나 양해를 구한 후 자리를 옮겨서 통화해야 한다.

❼ 질문 (questions)
질문은 적절한 타이밍을 찾아서 꼭 필요한 것만 적절한 회수 내에서 해야 한다. 회의가 끝나는 시간에 모아두었던 질문을 한꺼번에 쏟아내어 자리에서 일어서려는 다른 사람들에게 피해를 주는 행동은 삼가야 한다

5. 복장 규정 (Clothing etiquette Dress code)

유럽 및 서구권에서는 각종 모임과 행사에 따라 요구하는 복장이 다르다. 초대를 받고 가는 경우에는 대개 그 초대장에 어떤 복장을 하고 가야 하는지 기록되어 있다.

격식을 차려야 하는 formal한 행사에서는 남성은 턱시도를 입고, 여성은 evening dress를 입는다; 파티나 행사에서 semi-formal한 복장을 요구한다면 남성은 양복에 넥타이 차림을, 여성은 원피스 또는 블라우스와 스커트 같은 외출용 정장을 입는다; informal 또는 casual한 복장을 요구한다면 편한 일상적인 복장을 하고 가도 무방하다. 그러나 casual한 복장이 허용되더라도 지나치게 화려한 색상이나 노출이 심한 복장은 피하는 것이 좋다. 다음은 각 dress code의 명칭과 이에 따라 허용되는 복장의 규정들을 구분해보았다.

❶ Formal

다른 말로 Black Tie라고도 한다. 결혼식이나 회사의 연말 파티 등과 같은 격식을 차린 큰 행사에서 요구되는 복장으로 말 그대로 가장 formal한 dress code이다. Formal 행사에서는 남성은 vest, cummerbund, cufflinks 등 일체가 포함된 턱시도를 full로 갖추어 입어야 하며, 여성은 파티용 긴 이브닝 드레스를 입는다.

* 더 엄밀하게 말한다면 Formal dress code는 White Tie Black Tie Formal로 다시 분류될 수 있다.

❷ Semi-Formal

각종 모임이나 파티에서 자주 사용되는 dress code이다. 과거에는 연말 파티와 같은 공식 행사에서 Formal dress code를 많이 사용했지만, 요즘은 점점 Semi-Formal로 변하는 추세이다. 남성의 경우 짙은 색상의 수트와 타이를 착용하면 된다. 여성의 경우는 롱 드레스뿐 아니라 무릎 길이의 드레스를 입을 수 있다. 여성의 경우 반드시 검은 색 의상을 입을 필요는 없으나 지나치게 밝은 원색은 피하는 것이 좋다.

❸ Business Professional

은행이나 회계 사무소처럼 매일 새로운 고객을 상대해야 하므로 엄격한 복장 규정을 요구하는 회사에서 주로 채택하는 dress code이다. 남성은 정장과 타이 그리고 정장 구두를, 여성은 스커트 또는 바지와 매치된 상의 자켓 그리고 힐을 착용해야 한다. 일반적으로 우리가 전문 직종에 근무하는 사람들에게서 떠올릴 수 있는 정장 근무 복장이다.

❹ Business Casual

어떤 회사의 복장 규정이 Business Casual이라면 출근할 때 정장과 타이를 매지 않아도 된다는 의미이다. 남성의 경우 폴로 셔츠나 컬러 셔츠 그리고 정장 바지를 입을 수 있다. 여성의 경우도 컬러 셔츠나 스웨트 그리고 바지 또는 스커트 착용이 가능하다. 그러나 티셔츠와 청바지 그리고 운동화 차림은 허용되지 않는다. 표현 그대로 캐주얼한 회사원 복장으로 이해할 수 있다.

❺ **Casual**

표현 그대로 특정 복장 규정이 없는 일상에서 자유스럽게 입는 편한 복장을 의미한다. 티셔츠나 청바지와 함께 스니커즈같은 캐주얼 슈즈 등이 허용된다. 그러나 편한 복장이라고 해서 상대방에게 불쾌감을 줄 수 있는 문구가 적힌 티셔츠나 집이나 운동할 때 입는 트레이닝 복은 피하는 것이 좋다. 회사나 단체에 따라 한 달에 한 번 또는 일 년에 몇 번 정해진 날에 직원들에게 casual한 복장으로 출근을 허용하는 곳도 있다.

Unit 01.
인사 및 자기 소개

001 It is nice to see you.
만나서 반갑습니다.

002 My name is Jennifer.
저의 이름은 제니퍼입니다.

003 I work in the marketing department.
저는 마케팅부에서 일합니다.

004 I am from a big city.
저는 대도시 출신입니다.

005 I am in charge of financial affairs.
저는 재정 문제를 담당하고 있습니다.

006 I am responsible for the project.
저는 그 프로젝트에 대한 책임을 맡고 있습니다.

Pattern 001 It is nice to~

~반갑습니다

처음 만났을 때 사용하는 인사말이다. 기본 패턴은 It is nice~, It is good~ 또는 I am pleased~ 등으로 표현한다. 주로 서두에 Hi, Hello 또는 Good morning과 같은 인사말과 함께 연결시켜 대화를 자연스럽게 이끌 수 있다. 과거형 it was를 사용하면 '만나서 반가웠다'라는 표현이 된다.

Step 1 Basic Pattern

만나서 반갑습니다.	**It is nice to** see you.
만나 뵙게 되어 반갑습니다.	**It is a pleasure to** meet you.
만나 뵙게 되어 반갑습니다.	**I am pleased to** meet you.
만나서 반가웠습니다.	**It was good to** see you.
만나 뵙게 되어 반가웠습니다.	**It was a pleasure** meeting you.

Step 2 Situation Dialog

A   Good morning. I'm Jane Park.
B   **Pleased to** meet you. I'm Andrew Green.
A   Good to meet you.

A   안녕하세요. 저는 제인 박입니다.
B   만나서 반갑습니다. 저는 앤드류 그린입니다.
A   만나서 반갑습니다.

Step 3 Exercise

a. 만나서 반갑습니다.

_____

b. 다시 만나서 반가웠습니다. (again)

_____

Pattern 002: My name is~

저의 이름은 ~입니다

상대방에게 자신의 이름을 밝히는 표현이다. My name is~ 대신 I am~ 또는 You can call me~ 등으로 나타낼 수도 있다.
* 본인이 근무하는 회사나 직장 또는 부서를 밝히는 표현은 Pattern 3에서 더 상세히 학습한다.

Step 1 Basic Pattern

저의 이름은 제니퍼입니다.
My name is Jennifer.

저는 제니퍼입니다.
I am Jennifer.

제니퍼라고 불러주세요.
You can call me Jennifer.

저의 이름은 마이클입니다. 마이크라고 불러주세요.
My name is Michael. **You can call me** Mike.

저는 판매부에서 근무하는 스미스입니다.
I am Smith from the sales department.

Step 2 Situation Dialog

A Hi, I don't think we've met yet. **My name is** Min Choi.
B Good to see you, Min. **I am** Raymond Green. **You can call me** Ray.

A 안녕하세요. 우리 아직 만났던 적이 없는 것 같군요. 저의 이름은 최 민입니다.
B 만나서 반갑습니다. 저는 레이몬드 그린입니다. 레이라고 불러 주세요.

Step 3 Exercise

a. 저의 이름은 데이비드 스미스입니다. 데이브라고 불러주세요. (David Smith, Dave)

_____

b. 저는 홍보부에서 근무하는 수 킴입니다. (Sue Kim, the PR department)

_____

I work~

~에서 근무합니다

• MP3 003 •

근무하는 회사나 부서를 말하고자 할 때는 I work in ~ at/for~ 등으로 표현한다. 근무지에 중점을 두고자 할 때는 in이나 at을 사용한다. 그러나 회사나 부서명을 표현하는 같은 내용이더라도 '~을 위해서 일하고 있다'는 의미를 나타내고 싶을 때는 for를 사용할 수 있다. 그 외 직위나 직책을 밝히고자 할 때는 as를 사용한다.

Step 1 Basic Pattern

저는 보험회사에서 근무합니다. **I work** at an insurance company.

저는 마케팅부에서 일합니다. **I work** in the marketing department.

저는 편의점에서 시간제로 일합니다. **I work** part time at a convenient store.

저는 광고회사에서 에디터로 일합니다.
I work as an editor at a publishing company.

저는 휴대폰회사에서 영업사원으로 일합니다.
I work as a salesman for a cell phone company.

Step 2 Situation Dialog

A Good morning, my name is Tim Allen. I just moved here from Washington office.

B Pleased to meet you. My name is Jane Smith. **I work** in the marketing department.

A Pleased to meet you. **I will be working** in the planning department.

A 안녕하세요. 저의 이름은 팀 알렌입니다. 워싱턴 지사에서 이곳으로 전근 왔습니다.
B 만나서 반가워요. 저의 이름은 제인 스미스입니다. 마케팅부에서 근무합니다.
A 만나서 반가워요. 저는 기획부에서 일하게 될 것입니다.

Step 3 Exercise

a. 저는 패스트 푸드점에서 시간제로 일합니다. (a fast food restaurant)

_____

b. 저는 광고부에서 디자이너로 근무합니다. (the public relations department)

_____

Pattern 004: I come from~

저는 ~출신입니다

◦ MP3 004 ◦

출신은 I am from~ 또는 I come from~으로 표현한다. 주로 지역이나 가족적 배경을 나타내는 구문이다. 물론 단순히 '~에서 오다'라는 표현도 come from~으로 나타낸다.

Step 1 Basic Pattern

저는 대도시 출신입니다.	**I am from** a big city.
저는 시골 출신입니다.	**I come from** a rural area.
저는 중산층 가정 출신입니다.	**I am from** a middle-class family.
저는 기업가 집안 출신입니다.	**I come from** a family of entrepreneurs.
저는 남부의 작은 어촌 출신입니다.	**I come from** a small fishing village in the south.

이 외에도 출생지는 I was born in~으로 표현하며, 교육적 배경이나 졸업 학교를 언급할 때는 studied at~ 또는 graduated from~으로 나타낼 수 있다: I was born in Seoul. 나는 서울에서 태어났습니다. I studied computer science at the university. 나는 대학에서 컴퓨터 공학을 공부했습니다. I graduated from Imperial College London. 나는 런던 임페리얼 칼리지를 졸업했습니다. (Unit 3 참고)

Step 2 Situation Dialog

A Your English is really good. Where are you from?

B **I come from** a Korean American family. I was born in LA, but currently live in Seoul.

A 영어가 정말 유창하시군요. 어디 출신인가요?

B 저는 한국계 미국인 가정 출신입니다. 저는 LA에서 태어났지만, 현재는 서울에서 살고 있습니다.

Step 3 Exercise

a. 저는 농부 집안 출신입니다. (a family of farmers)

_____

b. 저는 홍콩 출신이며 현재는 캘리포니아에서 거주하고 있습니다. (reside in)

_____

Pattern 005 I am in charge of~

MP3 005

~을 담당하고 있습니다

담당자나 부서의 장임을 의미하거나 또는 어떤 업무에 대한 책임을 지고 있음을 나타내는 표현이다. I am in charge of ~처럼 서술적으로 표현할 수도 있고 또는 in charge만으로 앞에 위치한 명사를 수식하는 역할을 할 수도 있다.
*the person in charge of overseas business 해외 업무 담당자

Step 1 Basic Pattern

저는 팀을 책임지고 있습니다.
I am in charge of the team.

저는 재정 문제를 담당하고 있습니다.
I am in charge of financial affairs.

저는 기획부를 책임지고 있습니다.
I am in charge of the planning department.

저는 생산 라인의 품질 관리를 책임지고 있습니다.
I am in charge of quality control in the production line.

저는 사무용품 공급을 담당하고 있습니다.
I am in charge of providing office supplies.

Step 2 Situation Dialog

A Hi, I'd like to talk to someone in customer service. Where should I go?

B You can talk to me. **I am in charge of** the customer service team. How can I help you?

A 안녕하세요. 고객 관리부 직원과 이야기하고 싶습니다. 어디로 가야 하나요?
B 제게 말씀하시면 됩니다. 저는 고객 관리부를 책임지고 있습니다. 어떻게 도와드릴까요?

Step 3 Exercise

a. 저는 이 프로젝트를 담당하고 있습니다.

___

b. 저는 판매부를 책임지고 있습니다.

___

Pattern 006: I am responsible for~

MP3 006

~에 책임이 있습니다

어떤 일이나 업무에 대한 책임이 있다는 것을 의미한다. 앞에서 배운 be in charge of~와 의미상의 차이는 거의 없으나, 부서나 단체에 대한 책임보다는 특정 업무나 행위에 대한 책임 소재를 밝히는 표현으로 주로 사용된다.

Step 1 Basic Pattern

저는 그 결정에 대한 책임이 있습니다.
I am responsible for the decision.

저는 그 프로젝트 전체에 대한 책임이 있습니다.
I am responsible for the entire project.

저는 재정 문제에 관한 책임을 맡고 있습니다.
I am responsible for the financial matter.

저는 그 회의를 준비하는 책임을 맡고 있습니다.
I am responsible for arranging the meeting.

저는 우리 세일즈 팀의 업무 여행을 준비하는 책임을 맡고 있습니다.
I am responsible for organizing travel plans for our sales team.

Step 2 Situation Dialog

A What do you do at your company?
B As a factory manager, **I am responsible for** supervising assembly lines.

A 당신은 회사에서 무슨 일을 하십니까?
B 공장장으로서 조립 라인을 감독하는 책임을 맡고 있습니다.

Step 3 Exercise

a. 저는 신입 직원들의 교육을 책임지고 있습니다 (the education of new staff)

_____

b. 저는 창고 재고품을 점검하는 책임을 맡고 있습니다. (warehouse inventories)

_____

Unit 01. 인사 및 자기 소개   29

Unit Exercise

다음 문장을 영어로 표현하시오.

1. 만나 뵙게 되어 반갑습니다.

2. 저는 판매부에서 근무하는 스미스입니다.

3. 저는 백화점에서 시간제로 일합니다. (a department store)

4. 저는 싱가포르 출신이며, 현재 동경에서 거주하고 있습니다.

5. 저는 생산 라인의 품질 관리를 책임지고 있습니다.

6. 저는 연구팀장으로서 신제품 개발에 대한 책임을 맡고 있습니다.
   (new product development)

Unit 02.
업무 지시 및 문의

007 Can you explain that point again?
그 사항을 다시 설명해 주시겠습니까?

008 I'd like you to review the report.
나는 당신이 이 보고서를 검토했으면 합니다.

009 How about taking a break?
잠시 휴식을 취하는 것이 어때요?

010 Have you finished your report?
보고서는 끝냈나요?

011 When do I have to start work?
언제 일을 시작해야 하나요?

012 I have a problem with my travel itinerary.
저의 여행 일정에 문제가 있습니다.

Can you explain~

~설명 좀 해 주시겠습니까?

궁금하거나 이해가 되지 않는 사항에 대해 설명을 요구하는 표현이다. 목적어는 명사를 사용하거나 또는 의문사를 이용한 의문사절을 연결시킬 수 있다.

그 사항을 다시 설명해 주시겠습니까?
Can you explain that point again?

그것이 어떻게 일어났는지 설명해 주시겠습니까?
Can you explain how that happened?

이 시스템이 어떻게 작동하는지 설명해 주시겠습니까?
Can you explain how this system works?

왜 이 수치들이 일치하지 않는지 설명해 주시겠습니까?
Can you explain why these figures do not agree?

이 두 가지 옵션 사항들의 차이를 설명해 주시겠습니까?
Can you explain the difference between the two options?

A **Can you explain** why this system does not work?
B We are not sure yet, therefore we need further investigation.

A 이 시스템이 왜 작동하지 않는지 설명해 주시겠습니까?
B 우리도 아직은 모릅니다. 그래서 더 조사가 필요합니다.

a. 그 사항을 좀 더 상세히 설명해 주겠습니까? (more in detail)

b. 우리가 왜 계획을 변경해야 하는지 설명해 주시겠습니까? (change the plan)

Pattern 008 I'd like you to~

당신이 ~해 주었으면 합니다

MP3 008

대화의 상대방에게 어떤 일을 지시하거나 부탁할 때 사용할 수 있는 표현이다. 제 삼자를 통해 간접적으로 지시하는 경우는 I'd like him to~, I'd like her to~ 또는 I'd like them to~ 등으로 표현할 수 있다. 여기서는 2인칭 구문을 연습하기로 한다.

Step 1 Basic Pattern

나는 당신이 이 일을 했으면 합니다.
I'd like you to do this work.

나는 당신이 이 보고서를 검토했으면 합니다.
I'd like you to review the report.

나는 당신이 이 프로그램을 수정했으면 합니다.
I'd like you to revise the program.

나는 당신이 이 프로젝트에 대한 작업을 했으면 합니다.
I'd like you to work on the project.

나는 당신이 그 고객을 직접 만났으면 합니다.
I'd like you to meet the customer in person.

Step 2 Situation Dialog

A Do you have anything in your schedule for this afternoon?
B Nothing in particular. Is there anything I need to do?
A There is an emergency meeting at 2 P.M. **I'd like you to** attend the meeting.

A 오늘 오후 일정이 있나요?
B 특별한 일정은 없습니다. 제가 해야 할 일이 있나요?
A 오후 2시에 긴급 회의가 있습니다. 나는 당신이 그 회의에 참석했으면 합니다.

Step 3 Exercise

a. 나는 당신이 우리 연구팀으로 들어왔으면 합니다.

_____

b. 나는 당신이 이 프로그램의 책임을 맡았으면 합니다.

_____

How about~?

• MP3 009

~하는 것이 어떨까요?

상대방에게 어떤 사항이나 행위를 제안하거나 권유하는 표현이다. 의문문의 형태를 취하지만, 질문이라기보다는 권유문으로 Let's~보다 강도가 약한 표현이다. [동사+-ing] 형태의 동명사를 취하기도 하고 또는 주어 동사의 문장 형태로 표현할 수도 있다.

Step 1 Basic Pattern

잠시 휴식을 취하는 게 어때요?
How about taking a break?

그것에 관해서는 나중에 이야기하는 것이 어때요?
How about talking about it later?

다음 주 여기서 다시 만나는 것이 어때요?
How about we meet here again next week?

다음 회의에서 그 안건을 상정하는 것이 어떨까요?
How about we bring the agenda up at the next meeting?

보고서를 자세히 검토해보는 것이 어떨까요?
How about looking through the report carefully?

Step 2 Situation Dialog

A When should we schedule the meeting?
B I have to finish the sales report by tomorrow morning. So, any time after that will be fine with me.
A **How about** we meet at 2 P.M. tomorrow, then?

A 회의 일정을 언제로 잡을까요?
B 나는 내일 오전까지 판매 보고서를 마쳐야 합니다. 그래서 그 시간 이후는 언제라도 좋습니다.
A 그러면 오후 2시에 만나는 것으로 하면 어떨까요?

Step 3 Exercise

a. 한 시간 일찍 만나는 것이 어때요?

_____

b. 이 문제는 우리가 다음 회의에서 더 논의하는 것이 어떨까요? (discuss this issue further)

_____

Pattern 010 Have you finished~?

~은 끝났나요?

어떤 작업을 마쳤거나 끝냈음을 묻는 질문이다. 업무나 보고서 등은 report 또는 work와 같은 명사를 사용할 수 있으며, 동작이나 작업 진행 과정에 관해 문의할 때는 using 또는 organizing 등과 같은 [동사~ing] 형태를 사용할 수 있다.

Step 1 Basic Pattern

보고서는 끝냈나요?
Have you finished your report?

오늘 업무는 끝냈나요?
Have you finished your work for today?

파일 정리는 마쳤나요?
Have you finished organizing the files?

계약서 점검은 끝났나요?
Have you finished examining the contract?

발표를 위한 유인물 작성은 끝났나요?
Have you finished making the handouts for the presentation?

Step 2 Situation Dialog

A **Have you finished** using the photocopier?
B Not yet. I have to copy a few more documents, but it won't take long.

A 복사기 사용을 마쳤나요?
B 아직 아닙니다. 서류 몇 장을 더 복사해야 합니다. 하지만 오래 걸리진 않아요.

Step 3 Exercise

a. 초안 편집은 마쳤나요? (edit the draft)
_____

b. 지원서 양식 작성을 끝냈나요? (fill out the application form)
_____

Pattern 011: When do I have to~

언제 ~을 해야 하나요?

업무 진행 또는 안건에 관한 신청이나 마감 시간에 관해 질문할 때 사용할 수 있는 표현이다.

Step 1 Basic Pattern

언제 일을 시작해야 하나요?
When do I have to start work?

언제 공항에 가야 하나요?
When do I have to go to the airport?

언제 보고서를 제출해야 하나요?
When do I have to hand in the report?

언제 소포를 부쳐야 하나요?
When do we have to ship the parcel?

언제 계약서에 서명을 해야 하나요?
When do we have to sign the contract?

Step 2 Situation Dialog

A Have you heard that some of our offices will be closed for renovation?
B Yes, I have. **When do we have to** vacate this office?
A We have to wait until a temporary office is provided.

A 우리 사무실들 중 몇 군데가 수리하기 위해 닫는다는 소식 들었나요?
B 네, 들었습니다. 이 사무실은 언제 비워야 하나요?
A 임시 사무실이 마련될 때까지 기다려야 합니다.

Step 3 Exercise

a. 언제 회의를 시작해야 하나요?

___

b. 언제 그 직책에 지원을 해야 하나요? (apply for the position)

___

Pattern 012 I have a problem with~

~에 문제가 있습니다

업무 또는 일정에 관한 문제나 난관이 생겼을 때 사용하는 표현이다. 주어의 수에 따라 I have~ 또는 We have~로 표현한다. 인칭대명사 없이 유도부사 there를 사용하여 There is~나 There are~ 구문으로 표현해도 좋다.

Step 1 Basic Pattern

저의 여행 일정에 문제가 있습니다.
I have a problem with my travel itinerary.

파일을 업로드하는데 문제가 있습니다.
I have a problem with uploading these files.

우리 보안 장치에 문제가 있습니다.
We have a problem with our security system.

우리 투자 계획에 몇 가지 문제가 있습니다.
We have a few problems with our investment plan.

이 규정들을 실제로 적용하는데 약간의 문제가 있습니다.
We have some problems with applying these rules in practice.

* in practice 실제로

Step 2 Situation Dialog

A **I have a problem with** my schedule for next week.
B What is it?
A There are clashes in my schedule. I can't attend the sales meeting on Monday, unless it is rescheduled for some time later.

A 다음 주 저의 일정에 문제가 있습니다.
B 무슨 문제인가요?
A 저의 일정이 겹칩니다. 회의 시간을 뒤로 미루지 않으면, 저는 월요일 판매 회의에 참석할 수가 없습니다.

Step 3 Exercise

a. 인터넷 연결에 문제가 있습니다. (the Internet connection)

b. 우리 광고 선전을 시작하는데 몇 가지 문제가 있습니다. (launch our advertising campaign)

Unit Exercise

다음 문장을 영어로 표현하시오.

1. 이 시스템이 어떻게 작동하는지 설명해 주시겠습니까?

2. 나는 당신이 직접 매니저에게 말했으면 합니다.

3. 다음 주 월요일에 여기서 다시 만나는 게 어때요?

4. 계약서 점검은 끝났나요?

5. 언제 보고서를 제출해야 하나요?

6. 나의 스케줄을 조정하는 데 몇 가지 문제가 있습니다. (arrange my schedule)

Unit 03.
전화 업무

013 This is Park from ABC Electronics.
ABC 전자회사의 박입니다.

014 Can I speak to your manager?
귀하의 매니저와 통화할 수 있을까요?

015 I'm calling to discuss a few things with you.
귀하와 몇 가지 사항을 논의하기 위해 전화를 드립니다.

016 I'll put you through to his office.
그의 사무실로 연결해 드리겠습니다.

017 I'm afraid he is not here at the moment.
죄송하지만 그는 지금 자리에 없습니다.

018 Can I call you back in a few minutes?
몇 분 후에 다시 전화를 걸어도 될까요?

019 Please tell him I'll be expecting his call.
그의 전화를 기다린다고 그에게 전해 주세요.

020 I will make sure he calls you back.
반드시 그가 당신에게 전화를 걸도록 하겠습니다.

Pattern 013: This is ~ from~

~에서 근무하는 ~입니다

• MP3 013 •

전화를 걸거나 받았을 때 통화 상대방에게 자신이 누구인지 밝히는 표현이다. 통화를 시작하면서 자신의 신분을 먼저 밝힐 수도 있고 또는 통화 중 May I ask who is calling?과 같은 질문에 대한 응답으로 사용할 수도 있다.

Step 1 Basic Pattern

ABC 전자회사의 박입니다.
This is Park **from** ABC Electronics.

엘리트 피트니스 센터의 아놀드입니다.
This is Arnold **from** Elite Fitness Center.

엔젤 뷰티 살롱의 마가렛입니다.
This is Margaret **from** Angel Beauty Salon.

경리부의 제임스입니다.
This is James **from** the accounting department.

마켓팅부의 린다입니다.
This is Linda **from** the marketing department.

Step 2 Situation Dialog

A Hello, may I speak to Mr. Thomson, please?
B Can I ask who is calling?
A **This is** Raymond Kim **from** ES financial services.

A 안녕하세요. 톰슨 씨와 통화할 수 있나요?
B 누구신지 여쭤봐도 될까요?
A ES 금융의 레이몬드 김입니다.

Step 3 Exercise

a. 워싱턴 사무소의 피터입니다.
_____

b. 고객 관리부의 맥스입니다. (the customer service department)
_____

Pattern 014: Can (May) I speak~?

~와 통화할 수 있을까요?

'~와 통화할 수 있을까요' 또는 '~를 바꿔 주시겠습니까?'라는 의미로 전화 통화를 할 때 항상 사용되는 표현이다. 의문문 대신 '~와 통화하고 싶습니다'라는 의미로 I'd like to speak to~로 표현해도 좋다. 전치사 to 대신 with를 쓸 수도 있다.

Step 1 Basic Pattern

로버트 씨와 통화할 수 있을까요?
Can I speak to Mr. Robert?

귀하의 매니저와 통화할 수 있을까요?
Can I speak to your manager?

마케팅 부장과 통화할 수 있을까요?
Can I speak with the marketing director?

광고 담당자와 통화할 수 있을까요?
Can I speak to the person in charge of advertising?

기획부의 로렌스 씨와 통화할 수 있을까요?
May I speak to Mr. Lawrence in the Planning Department?

Step 2 Situation Dialog

A Smart Financial services.
B Hello, this is Park from ABC Electronics. **Can I speak** to Mr. Allen, please?
A Hold on, please. I'll transfer your call.

A 스마트 금융입니다.
B 안녕하세요. 저는 ABC 전자회사의 박입니다. 알렌 씨와 통화할 수 있을까요?
A 잠깐만 기다리세요. 연결해드리겠습니다.

Step 3 Exercise

a. 고객관리부 직원과 통화할 수 있을까요? (someone in customer service)

b. 수출부 담당자와 통화할 수 있을까요? (the export department)

Pattern 015: I'm calling to (about)~

~하려고 전화 드렸습니다

전화를 건 용건을 말하는 표현이다. [부정사 to+동사원형]이나 [about+명사] 구문을 사용한다.

Step 1 Basic Pattern

사고 보고를 위해 전화를 드립니다.
I'm calling to report an accident.

귀하와 몇 가지 사항을 논의하기 위해 전화를 드립니다.
I'm calling to discuss a few things with you.

우리 약속을 변경하기 위해 전화를 드립니다.
I'm calling you to change our appointment.

금요일의 우리 회의에 관해 전화를 드립니다.
I'm calling you about our meeting on Friday.

귀하의 제안이 승인되었음을 알리기 위해 전화를 드립니다.
I'm calling to inform you that your offer has been accepted.

Step 2 Situation Dialog

A Team Electronics, McCall speaking.
B Hi, my name is Maxim Souter. **I'm calling about** your ad for a branch manager in today's paper.

A 팀 전자회사, 멕콜입니다.
B 안녕하세요, 저는 멕심 소우터라고 합니다. 오늘 자 신문에 난 귀회사의 지점장 모집 공고를 보고 전화드립니다.

Step 3 Exercise

a. 이번 주로 예정된 귀하의 인터뷰에 관해 전화를 드립니다.
_____

b. 귀하의 주문이 배송되었음을 알리기 위해 전화를 드립니다. (order has been shipped)
_____

Pattern 016

I'll connect you to~ / I'll put you through to~

~로 연결해 드리겠습니다

교환이나 리셉션에서 통화를 원하는 당사자에게로 전화를 연결해두겠다는 표현이다. '연결시킨다'는 동사는 connect와 put through 외, transfer를 사용하여 I'll transfer your call to~로 할 수도 있다.

Step 1 Basic Pattern

로빈슨 씨에게 연결해 드리겠습니다.
I'll connect you to Mr. Robinson.

저의 매니저에게 연결해 드리겠습니다.
I'll connect you to my manager.

그의 사무실로 연결해 드리겠습니다.
I'll put you through to his office.

담당자에게 연결시켜 드리겠습니다.
I'll put you through to the person in charge.

귀하의 전화를 고객관리부로 연결시켜 드리겠습니다.
I'll transfer your call to the customer service department.

Step 2 Situation Dialog

A Hello, this is Ian Paterson from City Bank. Could I speak to Mr. John Martin, please?

B Certainly, one moment, please. **I'll put you through to** his office.

A Thank you.

A 안녕하세요, 시티 은행의 이안 피터슨입니다. 존 마틴 씨와 통화할 수 있을까요?
B 물론입니다. 잠깐만 기다리세요. 그의 사무실로 연결해 드리겠습니다.
A 감사합니다.

Step 3 Exercise

a. 저의 매니저에게 전화를 연결해드리겠습니다. (my manager)

b. 품질 관리부로 전화를 연결해드리겠습니다. (the quality control department)

Unit 03. 전화 업무   **43**

Pattern 017

I'm afraid he (she) is~ / I'm sorry, but he (she) is~

• MP3 017 •

죄송하지만 그(그녀)는 ~입니다

통화를 원하는 당사자가 출타 중이거나 전화를 받을 수 없는 상황임을 밝히는 표현이다.

Step 1 Basic Pattern

죄송하지만 그는 지금 바쁩니다.
I'm afraid he is busy at the moment.

죄송하지만 그는 지금 자리에 없습니다.
I'm afraid he is not here at the moment.

죄송하지만 그는 지금 환자를 진료하고 있습니다.
I'm afraid he is with a patient at the moment.

죄송하지만, 그는 현재 회의 중입니다.
I'm sorry, but he is in a meeting right now.

죄송하지만, 그는 누군가와 전화 통화 중입니다.
I'm sorry, but he is talking with someone on the phone.

Step 2 Situation Dialog

A   Mr. Spenser's office.
B   Hello, I'd like to speak to Mr. Spencer, please.
A   **I'm sorry, but he's** out for the day. Can I take a message?

A   스펜스 씨 사무실입니다.
B   스펜스 씨와 통화할 수 있을까요?
A   죄송하지만, 그는 오늘 출근하지 않았습니다. 전하실 말씀이 있습니까?

Step 3 Exercise

a. 죄송하지만, 그는 지금 고객을 만나고 있습니다. (be with a client)

_____

b. 죄송하지만, 그는 현재 업무 여행 중입니다. (a business trip)

_____

Pattern 018: Can (May) I~?

🎵 MP3 018

~해도 될까요?

Can I~ 또는 May I~는 상대방의 의향을 묻거나 허락을 구하는 표현이다. 원하는 당사자와 통화를 할 수 없는 상황에서 다시 전화를 한다거나, 메시지를 남기겠다거나 또는 남길 것인지를 묻는 등 다양한 의미를 표현할 수 있다.

Step 1 Basic Pattern

나중에 다시 전화를 걸어도 될까요?
Can I call you back later?

몇 분 후에 다시 전화를 걸어도 될까요?
Can I call you back in a few minutes?

메시지를 남겨도 되겠습니까?
Can I leave a message?

윌슨 씨에게 메시지를 남겨도 되겠습니까?
Can I leave a message for Mr. Wilson?

메시지를 남기시겠습니까?
May I take a message for you?

Step 2 Situation Dialog

A   Hi, James. It's me, Robert. **Can I** talk to you?
B   I am afraid I can't, Robert. I am in the middle of a meeting. **Can I** call you back later? It won't take long.
A   Ok, I will wait for your call.

A   안녕, 제임스. 나야, 로버트. 통화할 수 있어?
B   미안하지만 지금은 안돼, 로버트. 지금 회의 중이야. 내가 나중에 다시 전화하면 안될까? 오래 걸리진 않을 거야.
A   그래, 전화 기다릴게.

Step 3 Exercise

a. 내가 당신에게 오후에 전화하면 될까요? (later in the afternoon)

_____

b. 그녀에게 메시지를 남겨도 될까요?

_____

Pattern 019 Please tell him that~

그에게 ~라고 전해 주세요

통화를 원하는 당사자가 출타 중인 경우, 전화를 받는 사람에게 전해줄 것을 요청하는 표현이다. 의문문 형태의 Could you tell him that~?으로 나타낼 수도 있다. 대화체이므로 that은 종종 생략해도 무방하다.

Step 1 Basic Pattern

내가 전화했었다고 그녀에게 전해주세요.
Please tell her (that) I called.

그의 전화를 기다린다고 그에게 전해주세요.
Please tell him I'll be expecting his call.

내 사무실에서 그를 만나기를 원한다고 그에게 전해주세요.
Please tell him I want to see him in my office.

다음 회의는 수요일 오전 9시라고 그에게 전해주세요.
Please tell him our next meeting is on Wednesday at 9 A.M.

나의 비행기가 금요일 공항에 도착한다고 그에게 전해주세요.
Please tell him my flight will arrive at the airport on Friday.

Step 2 Situation Dialog

A Can I speak to Mr. Smith please?
B I'm sorry, but he is not here at the moment. May I take a message for you?
A Yes, **please tell him** Mike Chang from Atlas Trading Company called.

A 스미스 씨와 통화할 수 있나요?
B 미안하지만 그는 지금 자리에 없습니다. 전하실 말씀이 있나요?
A 아틀라스 무역회사의 마이크 창이 전화했었다고 전해주세요.

Step 3 Exercise

a. 회의 장소가 바뀌었다고 그에게 전해주세요. (the meeting venue)

b. 세미나가 취소되었다고 그에게 전해주세요.

Pattern 020: I will make sure to (that)~

반드시 ~하도록 하겠습니다

통화 내용에 대해 확인하는 표현이다. 주로 메시지를 전달하거나 또는 통화 내용을 이행할 것을 약속하는 표현으로 사용된다. [부정사 to+동사원형] 또는 [관계사 that+주어 동사] 구문이 연결된다.

Step 1 Basic Pattern

반드시 그녀에게 전하겠습니다.
I will make sure to tell her.

반드시 그곳에 가겠습니다.
I will make sure to be there.

반드시 그가 당신에게 전화를 걸도록 하겠습니다.
I will make sure he calls you back.

반드시 그가 메시지를 받도록 하겠습니다.
I will make sure he gets the message.

반드시 다음 주 초에 귀하에게 선적이 도착하도록 하겠습니다.
I will make sure that the shipment will reach you early next week.

Step 2 Situation Dialog

A May I speak with Beth, please?
B She is not available at the moment. Can I take a message?
A Yes, could you tell her to send over the sales report for last month?
B No problem, **I will make sure** she gets your message.

A 베스와 통화할 수 있나요?
B 그녀는 지금 자리에 없습니다. 메시지를 전하시겠습니까?
A 지난 달 판매 보고서를 제출하라고 전해주시겠습니까?
B 알겠습니다. 반드시 그녀가 메시지를 받도록 하겠습니다.

Step 3 Exercise

a. 반드시 보고서를 이메일로 귀하에게 보내겠습니다. (via e-mail)

b. 반드시 다시는 그런 일이 발생하지 않게 하겠습니다.

Unit Exercise

다음 문장을 영어로 표현하시오.

1. 경리부의 제인입니다.

2. 광고 담당자와 통화할 수 있을까요?

3. 저의 예약을 확인하기 위해 전화 드립니다.

4. 귀하를 관리부로 연결시켜 드리겠습니다.

5. 죄송하지만 그는 현재 휴가 중입니다.

6. 한 시간 후 당신에게 다시 전화해도 될까요?

7. 오늘 3시경에 다시 전화를 하겠다고 그에게 전해주세요.

8. 반드시 그가 회의에 늦지 않게 참석하도록 하겠습니다. (on time)

Unit 04.
이메일

021 I am writing to discuss a number of issues.
몇 가지 문제를 논의하기 위해 이메일을 보냅니다.

022 I'd like to inquire about your advertisement.
귀하의 광고에 관해 문의하고 싶습니다.

023 I am responding to your e-mail dated 20th May.
귀하의 5월 20일자 메일에 대한 답변입니다.

024 Please send us your suggestions.
귀하의 제안 사항을 보내 주시기 바랍니다.

025 I am happy to inform you that your proposal has been accepted.
귀하의 제안이 받아들여졌음을 알리게 되어 기쁩니다.

026 I am sorry to inform you that we are unable to offer you the position.
유감스럽게도 귀하를 채용할 수 없음을 알려드립니다.

027 I am attaching herewith the registration form.
신청서를 여기에 첨부합니다.

028 If you have any further questions, please contact us at any time.
추가 문의 사항이 있으시면, 언제라도 우리에게 연락하세요.

Pattern 021

I am writing to~ / I am e-mailing you to~ / I am writing this e-mail to~

• MP3 021

~하기 위해 이메일을 씁니다

이메일의 서두에 메일을 보내는 이유를 설명하는 표현이다. 두 번째 표현의 e-mail은 동사로 '이메일을 보내다'는 의미로 사용된다.

Step 1 Basic Pattern

몇 가지 문제를 논의하기 위해 이메일을 보냅니다.
I am writing to discuss a number of issues.

우리의 새로운 규정을 설명하기 위해 이메일을 보냅니다.
I am writing to explain our new policy.

우리 일정의 몇 가지 변경 사항을 알리기 위해 이메일을 보냅니다.
I am writing to inform you about some changes in our schedule.

귀하의 고객 서비스 불량에 관한 불만을 신고하기 위해 이메일을 보냅니다.
I am writing to complain about your store's poor customer service.

귀하의 수습 매니저 모집 광고를 보고 이메일을 보냅니다.
I am e-mailing you with regard to your job advertisement for a trainee manager.

* with regard to ~와 관련하여, ~에 대하여

Step 2 Situation E-mail

I am writing to you to inquire about a vacancy in your company for a computer programmer.
귀 회사에 컴퓨터 프로그래머를 위한 공석이 있는지 문의하기 위해 이메일을 보냅니다.

Step 3 Exercise

a. 귀하의 모든 도움과 후원에 감사드리기 위해 이메일을 보냅니다. (all your help and support)

_____

b. 귀하의 웹사이트에 광고된 자리에 지원하기 위해 메일을 보냅니다. (advertised on your website)

_____

I'd like to inquire about~

MP3 022

~에 대해 문의하고 싶습니다

정보 또는 자료에 관해 문의하는 내용의 표현이다. 문의하기 전 먼저 자신에 관한 소개를 하는 것이 일반적이다. Unit 1에서 학습했던 자기 소개 표현을 이메일에서도 그대로 사용할 수 있다(Unit 1의 Pattern 2와 3 참고).

비용에 관해 문의하고 싶습니다.
I'd like to inquire about the cost.

귀하의 광고에 관해 문의하고 싶습니다.
I'd like to inquire about your advertisement.

저의 지원서의 진행 상황에 관해 문의하고 싶습니다.
I'd like to inquire about the status of my application.

그 시설의 유지 비용에 관해 문의하고 싶습니다.
I'd like to inquire about the cost of maintaining the facility.

귀하의 웹 디자이너 모집 광고에 관해 문의하고 싶습니다.
I'd like to inquire about your advertisement for a web designer.

I'd like to inquire about the possibility of working as an assistant chef at your restaurant.
귀하의 식당에서 보조 요리사로 일할 수 있는지에 관해 문의하고 싶습니다.

a. 임대할 수 있는 사무실 공간이 있는지 문의하고 싶습니다. (office space for lease)

b. 세일즈 매니저 직을 위한 저의 지원서의 진행 상황에 관해 문의하고 싶습니다.
(for the post of sales manager)

I am responding to~ / I am writing in response to~

MP3 023

~에 대한 답변입니다

이미 받았던 이메일이나 문의에 대한 답장을 쓸 때 사용하는 표현이다. 동사 respond 또는 전치사구 in response to를 사용할 수 있으며, 의미의 차이는 없다.

Step 1 Basic Pattern

귀하의 5월 20일자 메일에 대한 답변입니다.
I am responding to your e-mail dated 20th May.

귀하의 서비스 요청에 관한 메일에 대한 답변입니다.
I am responding to your e-mail regarding your service request.

우리 겨울 제품에 관한 귀하의 문의에 대한 답변입니다.
I am writing in response to your inquiry about our winter collection.

우리 홍보 프로그램에 관한 귀하의 문의에 대한 답변입니다.
I am writing in response to your inquiry about our promotional program.

우리 신상품에 관한 귀하의 정보 요청에 대한 답변입니다.
I am writing in response to your request for information on our new products.

Step 2 Situation E-mail

I am writing in response to your inquiry about tour packages to Australia, we currently offer.

우리가 현재 제공하고 있는 호주행 패키지 여행에 관한 귀하의 문의에 대한 답변입니다.

Step 3 Exercise

a. 우리의 서비스 종류에 대한 귀하의 정보 요청에 대한 답변입니다. (on our scopes of services)
   I am responding to _____

b. 우리의 객실 이용 가능 여부와 객실요금에 관한 귀하의 문의에 대해 답변입니다.
   (our room availability and rates)
   I am writing in response to _____

Pattern 024 — Please send us~ / Can you please send us~? / I would appreciate if you send us~

• MP3 024

~을 보내주십시오 / ~을 보내주시겠습니까? / ~을 보내주시면 고맙겠습니다

정보 또는 자료를 보내줄 것을 요청하는 표현이다. 정중한 표현을 사용하고 싶다면 문장을 I would appreciate if~ 구문으로 시작할 것을 권한다.

Step 1 Basic Pattern

귀하의 이력서를 보내주시기 바랍니다.
Please send us your resume.

귀하의 피드백을 보내주시기 바랍니다.
Please send us your feedback.

귀하의 제안 사항을 보내주시기 바랍니다.
Please send us your suggestions.

귀하의 최근 카탈로그를 보내주시겠습니까?
Can you please send us your latest catalog?

귀하의 교육 프로그램에 관한 세부 사항을 보내주시기 바랍니다.
I would appreciate if you would send us the details of your training program.

 카탈로그 또는 가격 목록을 요청하는 표현은 'Unit 12 사업 및 제품 문의, Pattern 86'에서 더 자세히 다룬다.

Step 2 Situation E-mail

Please send us your comments and suggestions using the link below.
귀하의 의견과 제안 사항을 아래 링크를 이용해서 우리에게 보내주시기 바랍니다.

Step 3 Exercise

a. 귀하의 최근 카탈로그와 가격 목록을 보내수시겠습니까? (price list)

_____

b. 귀하의 최근 사진이 부착된 이력서를 보내주시기 바랍니다. (with your recent photo)

_____

Pattern 025

We are happy to inform you~ / We are pleased to inform you~

~을 알리게 되어 기쁩니다

요청을 수락하거나 지원 또는 신청에 대한 결과가 긍정적일 때 사용할 수 있는 표현이다.

Step 1 Basic Pattern

귀하의 제안이 받아들여졌음을 알리게 되어 기쁩니다.
I am happy to inform you that your proposal has been accepted.

귀하께서 지원에 성공하였음을 알리게 되어 기쁩니다.
I am happy to inform you that your application has been successful.

우리는 귀하를 채용하기로 결정하였음을 알리게 되어 기쁩니다.
I am pleased to inform you that we have decided to offer you the job.

귀하의 주문이 오늘 배송되었음을 알리게 되어 기쁩니다.
I am pleased to inform you that your order has been dispatched today.

귀하께서 최종 인터뷰 명단에 포함되었음을 알리게 되어 기쁩니다.
We are pleased to inform you that you have been shortlisted for an interview.

* shortlist 최종 후보자 명단에 넣다

Step 2 Situation E-mail

We are pleased to inform you that you have been offered a placement on our training program.
귀하께서 저희 연수 과정에 참석할 수 있게 되었음을 알리게 되어 기쁩니다.

Step 3 Exercise

a. 귀하를 위한 숙소가 예약되었음을 알리게 되어 기쁩니다. (reserve accommodations for)

_____

b. 다음 달 도쿄에 우리 지점을 개장하게 되었음을 알리게 되어 기쁩니다. (our branch)

_____

Pattern 026

I am sorry to inform you that~ / We regret to inform you that~

• MP3 026 •

~을 알려 드리게 되어 유감입니다

요청을 거절하거나 지원 또는 응모에 탈락했음을 알리고자 할 때 사용할 수 있는 표현이다. Pattern 25 와 반대의 상황이다.

Step 1 Basic Pattern

유감스럽게도 귀하를 채용할 수 없음을 알려드립니다.
I am sorry to inform you that we are unable to offer you the position.

유감스럽게도 귀하의 주문을 예정대로 배송할 수 없음을 알려드립니다.
I am sorry to inform you that we are unable to ship your order as planned.

유감스럽게도 요청하신 정보를 제공해드릴 수 없음을 알려드립니다.
I am sorry to inform you that we are unable to provide the information requested.

유감스럽게도 귀하의 신청을 받아들일 수 없음을 알려드립니다.
We regret to inform you that we will not proceed with your application.

유감스럽게도 귀하께서 요청하신 숙소를 제공해드릴 수 없음을 알려드립니다.
We regret that we are unable to offer you the accommodation you require.

Step 2 Situation E-mail

We are sorry to inform you that we have no positions available at this time that fit your career.
우리는 현재 귀하의 경력에 적합한 자리를 갖고 있지 않음을 알려드리게 되어 유감입니다.

Step 3 Exercise

a. 유감스럽게도 귀하의 지원이 성공적이지 않았음을 알려드립니다.

___

b. 유감스럽게도 시내에 있는 우리 사무실을 다음 주에 폐쇄하게 되었음을 알려드립니다.

___

I am attaching~ / I have attached~ / I have enclosed ~

• MP3 027

~을 첨부했습니다

이메일에 파일이나 서류를 첨부할 때 사용하는 표현이다. 이 외에 Please find attached herewith~ 또는 Attached herewith is~도 빈번히 사용된다. 부사 herewith는 '여기에' 또는 '이 편지(서류, 메일)와 함께'의 의미로 파일을 보낼 때 관용적으로 함께 사용되는 단어이다.

Step 1 Basic Pattern

신청서를 여기에 첨부합니다.
I am attaching herewith the registration form.

검토하실 수 있도록 이력서를 여기 첨부합니다.
I have attached herewith my resume for your review.

요청하신대로 저희 서비스 안내책자를 여기 동봉합니다.
I have enclosed herewith a brochure of our services as you requested.

요청하신 서류 복사본을 여기 첨부합니다.
Please find attached herewith the scanned copies of the documents you requested.

참고하실 수 있도록 회의 일정을 여기 첨부합니다.
Attached herewith is the meeting agenda for your reference.

Step 2 Situation E-mail

In response to your query, **I am attaching** herewith the market survey for the last quarter.

귀하의 문의에 대한 답변으로, 지난 분기 시장 조사서를 여기 첨부합니다.

Step 3 Exercise

a. 귀하의 승인을 받기 위해 파일 수정안을 여기 첨부합니다. (a revised file for your approval)
   I have attached _____

b. 증명서 스캔 사본을 여기 첨부합니다. (the certificate)
   Please find _____

Pattern 028: If you have any further questions~

추가 문의 사항이 있으시면~

업무상의 이메일의 마지막에 의례적으로 사용되는 표현이다. If 조건절에 연결되는 표현은 please contact~, do not hesitate to contact~, let ~know, feel free to~ 등이 있다.

Step 1 Basic Pattern

추가 문의 사항이 있으시면, 제게 연락하세요.
If you have any further questions, please contact me.

추가 문의 사항이 있으시면, 언제라도 우리에게 연락하세요.
If you have any further questions, please contact us at any time.

추가 문의 사항이 있으시면, 편한 시간에 우리에게 연락하세요.
If you have any further questions, please contact us at your earliest convenience.

추가 문의 사항이 있으시면, 우리에게 연락하세요.
If you should have any further queries, please contact us.

추가적인 정보가 필요하시면, 언제라도 우리에게 연락하세요.
If you need any further information, please feel free to contact us.

Step 2 Situation E-mail

If you should have any further queries, please contact our customer service department. We will be more than happy to answer any of your questions. We look forward to hearing from you.

추가 문의 사항이 있으시면, 우리 고객 서비스 센터로 연락하세요. 어떤 질문이라도 기꺼이 대답해드릴 것입니다. 여러분들의 연락을 기다리겠습니다.

> I (We) look forward to hearing from you.는 상대방의 회신을 기다린다는 뜻으로 이메일에서 빈번히 사용되는 맺음말이다. 이외에도 상황에 따라 I'm expecting your reply. 또는 I'll be waiting for your mail. 등으로 표현할 수 있다.

Step 3 Exercise

a. 추가 문의 사항이 있으시면, 제게 알려 주세요.
_____

b. 추가 문의 사항이 있으시면, 지체하시지 말고 우리에게 연락하세요.
_____

Unit Exercise

다음 문장을 영어로 표현하시오.

1. 귀하가 판매하는 제품들에 관한 정보를 구하기 위해 이메일을 보냅니다. (ask for)

2. 귀하의 목록에 있는 개별 품목의 도매 가격에 관해 문의하고 싶습니다.
   (the wholesale price of each item)

3. 호텔의 취소 규정에 관련한 귀하의 이메일에 대한 답변입니다.
   (regarding the hotel's cancellation policies)

4. 귀하의 최근 카탈로그를 보내 주시면 고맙겠습니다.

5. 귀하께서 연구 보조금을 받게 되었음을 알리게 되어 기쁩니다.
   (be awarded a research grant)

6. 유감스럽게도 사업 감축으로 인해 다음달 우리 회사의 베이징 사무실을 폐쇄하게 되었음을 알려드립니다. (due to the downsizing of our business)

7. 요청하신데로, 귀하께서 검토하실 수 있도록 저의 이력서와 추천서를 여기 첨부합니다. (my resume and references)

8. 추가 문의 사항이 있으시면, 가능한 빨리 우리에게 알려 주세요.

Unit 05.
업무 일정

029 We're scheduled to leave tomorrow.
우리는 내일 떠날 예정입니다.

030 When is the quarterly report due?
분기별 보고서는 언제 마감인가요?

031 When do you expect to produce results?
언제 결과가 나올 것으로 예상하나요?

032 Can you finish this work by Friday?
금요일까지 이 작업을 끝낼 수 있나요?

033 It will be ready by 5 P.M. today.
오늘 오후 5시까지 준비될 것입니다.

034 The work is 2 weeks behind schedule.
그 일은 예정보다 2주가 늦어지고 있어요.

Pattern 029 We're scheduled to~

~할 예정입니다

MP3 029

일정을 알리거나 상기시키고자 할 때 사용하는 표현이다. 주어는 1인칭뿐만 아니라, 상황에 따라 2인칭 및 3인칭 모두 사용 가능하다.

Step 1 Basic Pattern

우리는 내일 떠날 예정입니다.
We're scheduled to leave tomorrow.

우리는 2주 후 새 사무실로 이전할 예정입니다.
We're scheduled to move into our new office in two weeks.

귀하는 내일 오전 9시 회의에 참석할 예정입니다.
You're scheduled to attend a meeting at 9 A.M. tomorrow.

귀하는 다음 주 세일즈 컨퍼런스에서 발표를 하기로 예정되어 있습니다.
You are scheduled to give your presentation at the sales conference next week.

우리 회사의 신제품은 4월에 출하될 예정입니다.
Our new product is scheduled to be released in April.

Step 2 Situation Dialog

A What is the schedule for today?
B **You're scheduled to** meet Mr. Jason from LS Trading at 2 P.M.

A 오늘 일정은 어떻게 되나요?
B 오후 2시에 LS 무역의 제이슨 씨를 만나기로 되어 있습니다.

Step 3 Exercise

a. 귀하는 다음 주 화요일 싱가포르에 가기로 되어 있습니다.

_____

b. 그는 저녁 9시 30분에 공항에 도착하기로 되어 있습니다.

_____

When is ~ due? / When is the due date for~?

~의 마감일은 언제인가요?

보고서나 신청서 등의 제출 또는 작성 마감 날짜를 묻는 질문이다. due date 대신 closing date나 deadline 등을 사용해도 좋다.

Step 1 Basic Pattern

신청 마감은 언제인가요?
When is the application **due?**

분기별 보고서는 언제 마감인가요?
When is the quarterly report **due?**

판매 보고서는 언제 마감인가요?
When is the due date for the sales report**?**

인턴십 지원은 언제 마감인가요?
When is the due date for the internship application**?**

프로젝트 제안서 제출 마감기한은 언제인가요?
When is the deadline for submitting the project proposals**?**

Step 2 Situation Dialog

A Have you submitted the work report?
B Not yet. **When is it due?**
A You have to hand in it by Friday.

A 업무 보고서는 제출했나요?
B 아직 하지 않았어요. 마감이 언제죠?
A 금요일까지는 제출해야 해요.

Step 3 Exercise

a. 그 자리에 지원하는 마감일이 언제인가요? (due date)

b. 재무 보고서 제출 마감일이 언제인가요? (deadline / financial report)

Unit 05. 업무 일정 **61**

Pattern 031 When do you expect to~?

• MP3 031

언제 ~할 것으로 예상하나요?

업무 일정에 관한 예정된 진행 상황을 묻는 표현이다.

Step 1 Basic Pattern

언제 거래를 완료시킬 것으로 예상하나요?
When do you expect to close the deal?

언제 결과가 나올 것으로 예상하나요?
When do you expect to produce results?

언제 채용 결정을 할 것으로 예상하나요?
When do you expect to make a hiring decision?

판매 보고서는 언제 끝낼 것으로 예상하나요?
When do you expect to finish your sales report?

언제 업무 여행에서 돌아올 것으로 예상하나요?
When do you expect to be back from your business trip?

* close the deal 거래를 성사시키다, 거래가 완료되다

Step 2 Situation Dialog

A I'm going to attend a business conference in Tokyo next week.
B **When do you expect to be back?**
A The event is held for three days. Therefore, I will be back Thursday evening.

A 다음 주 도쿄에 있는 사업 컨퍼런스에 참석하려 합니다.
B 언제 돌아올 것으로 예상하나요?
A 행사는 3일 걸립니다. 그래서, 목요일 저녁에 돌아 올 것입니다.

Step 3 Exercise

a. 수리는 언제 끝날 것으로 예상하나요? (renovation)

_____

b. 조사는 언제 결론이 날 것으로 예상하나요? (investigation)

_____

Pattern 032 Can you finish~ by~?

~을 ~까지 끝낼 수 있나요?

업무 또는 작업을 완료하는 시간이나 시기에 관한 질문이다. 전치사는 by, until 또는 before를 사용하여 '~까지'나 '~전에' 등을 표현한다.

MP3 032

Step 1 Basic Pattern

금요일까지 이 작업을 끝낼 수 있나요?
Can you finish this work **by** Friday?

수요일 오후 5시 전까지 이 보고서를 끝낼 수 있나요?
Can you finish the report **before** 5 P.M. on Wednesday?

오늘 오후 3시까지 이 자료들을 모두 정리할 수 있나요?
Can you finish organizing all the files **by** 3 P.M. today?

한 시간 내로 이 서류들을 모두 복사할 수 있나요?
Can you finish copying these documents **in** an hour?

회의 전까지 손상된 데이터를 복구할 수 있나요?
Can you finish recovering the lost data **before** the meeting?

Step 2 Situation Dialog

A The staff meeting will start at 2 P.M. **Can you finish** all the preparations **by** then?
B I think we can, but we need a few more people to help us.

A 직원 회의는 오후 2시에 시작합니다. 그때까지 준비를 모두 마칠 수 있나요?
B 할 수 있을 것 같습니다. 하지만 몇 사람들이 더 우리를 도와주어야 합니다.

Step 3 Exercise

a. 정오까지 컨퍼런스 룸 준비를 마칠 수 있나요?

___

b. 내일 아침까지 사진 업로드 작업을 마칠 수 있나요? (upload the photos)

___

It will be ready~ / It will be done by~

~까지는 준비될/끝날 것입니다

• MP3 033 •

일정 기간까지 업무를 마칠 것이라고 말하는 표현이다. Pattern 31과 32의 질문에 대한 답변으로 사용할 수 있다. 전치사는 by, in, before 또는 until 등으로 나타낸다.

Step 1 Basic Pattern

오늘 오후 5시까지 준비될 것입니다.
It will be ready by 5 P.M. today.

일주일 이내로 준비될 것입니다.
It will be ready in a week's time.

당신이 돌아올 때쯤이면 준비될 것입니다.
It will be ready by the time you come back.

그 일은 당신이 사무실에 돌아오시기 전까지 끝날 것입니다.
It will be done by the time you get back to the office.

그 일은 우리가 부가적인 정보를 구한 후 며칠 내로 끝날 것입니다.
It will be done in a few days after we get additional information.

Step 2 Situation Dialog

A   When do you expect to finish the construction?
B   **It will be done** by the end of the month at the latest.

A   공사는 언제 끝날 것으로 예상하시나요?
B   늦어도 이달 말까지는 끝날 것입니다.

Step 3 Exercise

a. 그 일은 몇 시간 내로 준비될 것입니다.
_____

b. 그 일은 내일 오후까지 끝날 것입니다.
_____

Pattern 034 ~behind schedule

◦ MP3 034 ◦

~예정보다 늦어지고 있습니다

업무나 작업 진행이 예정된 일정보다 늦어지고 있음을 나타내는 표현이다.
* 참고로 예정대로 진행되는 것은 on schedule, 일정이 앞당겨지는 것은 ahead of schedule로 나타낸다.
  Everything is on schedule.   We finished the project ahead of schedule.

Step 1 Basic Pattern

우리는 일정보다 늦어지고 있어요.
We are running **behind schedule**.

그 일은 예정보다 2주가 늦어지고 있어요.
The work is 2 weeks **behind schedule**.

그 프로젝트는 일정보다 거의 한 달이 늦어지고 있어요.
The project is already a month **behind schedule**.

우리는 기술적인 문제로 인해 일정보다 다소 늦어지고 있습니다.
We are running a little **behind schedule** as a result of technical problems.

트럭 운전사들의 전국적인 파업으로 인해 배송이 예정보다 늦어지고 있습니다.
Our shipment is **behind schedule** because of the nationwide truckers' strike.

Step 2 Situation Dialog

A   How is the work going?
B   I'm afraid we're running a little **behind schedule**.
A   What is the problem?
B   We have some difficulty in finding replacement parts.

A   작업은 어떻게 진행되고 있나요?
B   예정보다 다소 늦어지고 있습니다.
A   무슨 문제가 있나요?
B   부품을 구입하는데 어려움을 겪고 있습니다

Step 3 Exercise

a. 건설 공사가 일정보다 몇 개월 지연되고 있습니다. (construction work)

_____

b. 갑작스러운 정전으로 인해 회의가 일정보다 몇 분 늦게 시작했습니다. (a sudden power failure)

_____

Unit Exercise

다음 문장을 영어로 표현하시오.

1. 우리 런던 사무실은 다음 주 오픈할 예정입니다.

2. 자원 봉사 신청 마감일이 언제인가요? (the volunteer program)

3. 언제 신축 건물로 이사할 것으로 예상하나요?

4. 이번 주말까지 파손된 부분을 수리할 수 있나요? (repair the damage)

5. 그 일은 오전 10시까지 끝날 것입니다.

6. 폭우로 인해 비행기가 한 시간 이상 늦게 이륙했습니다.
   (take off / due to heavy rain)

Unit 06.
일정 조정 및 변경

035 Can we reschedule the meeting?
회의 일정을 재조정할 수 있나요?

036 Can we move up our meeting a few days?
우리 회의를 며칠 앞당길 수 있나요?

037 Can we push our meeting back to 3 P.M.?
우리 회의를 오후 3시로 늦출 수 있을까요?

038 Can I get an extension on the report?
보고서 기일을 연장 받을 수 있나요?

039 I am available on Wednesday.
저는 수요일에 시간이 있습니다.

040 I am booked up all next week.
다음 주는 일정이 모두 잡혀 있습니다.

Can we reschedule~? / Is it possible to reschedule~?

~을 재조정이 가능할까요?

이미 정해진 일정이나 약속 시간 또는 날짜를 바꿀 수 있는지 묻는 질문이다. 문장은 Can we~? 또는 Could you~?로 시작할 수 있으며, Is it possible~?이나 Would it be possible~? 구문을 사용해도 좋다.

Step 1 Basic Pattern

회의 일정을 재조정할 수 있나요?
Can we reschedule the meeting?

회의를 내일로 재조정할 수 있을까요?
Can we reschedule our meeting for tomorrow?

다음 월요일 회의를 다른 날로 재조정할 수 있을까요?
Could you reschedule next Monday's meeting to another day?

우리 회의 일정을 좀 더 이른 시간으로 재조정하는 것이 가능할까요?
Is it possible to reschedule our meeting to (for) an earlier time?

인터뷰를 다른 시간으로 재조정하는 것이 가능할까요?
Would it be possible to reschedule the interview for another time?

Step 2 Situation Dialog

A I have a scheduling conflict. **Can we reschedule** our appointment?
B When is a convenient time for you?

A 일정이 겹칩니다. 우리 약속 시간을 재조정할 수 있을까요?
B 언제가 좋으십니까?

Step 3 Exercise

a. 당신의 약속을 다음 주로 재조정할 수 있나요?
_____

b. 당신의 파리 방문 일정을 재조정하는 것이 가능할까요? (your visit to Paris)
_____

Pattern 036

Can we move up the meeting~? / Can we bring the meeting forward~?

~로 회의를 앞당길 수 있나요?

일정을 예정보다 앞당기고자 하는 표현이다. 동사구는 move up 대신 bring forward도 사용 가능하다. 주어는 상황에 따라 1인칭 또는 2인칭을 사용할 수 있다.

Step 1 Basic Pattern

우리 회의를 며칠 앞당길 수 있나요?
Can we move up our meeting a few days?

우리 약속을 몇 시간 앞당길 수 있나요?
Can we move up our appointment a few hours?

우리 회의를 수요일로 앞당길 수 있나요?
Can we move up our meeting to Wednesday?

당신의 출발 시간을 1월 2일로 앞당길 수 있나요?
Can you move up your departure date to January 2nd?

우리 약속 시간을 30분 앞당길 수 있나요?
Can we bring our appointment forward a half an hour?

Step 2 Situation Dialog

A   I'd like to reschedule our meeting for another time.
B   When is a good time for you?
A   **Can we move it up** an hour?

A   우리 회의를 다른 시간으로 재조정하고 싶습니다.
B   언제가 좋으세요?
A   한 시간 앞으로 당길 수 있을까요?

Step 3 Exercise

a. 당신은 출발 시간을 한 시간 앞당길 수 있나요? (departure time)

_____

b. 우리는 신제품 출시일을 몇 주 앞당길 수 있나요? (release date for)

_____

Pattern 037

Can we push the meeting back~?

~로 회의를 늦출 수 있을까요?

• MP3 037 •

회의나 다른 일정을 늦추는 것이 가능한지 묻는 표현이다. Pattern 36에서 연습한 move up 또는 bring forward와는 정반대되는 의미로, put off와 postpone의 동의어이다.

Step 1 Basic Pattern

우리 회의를 오후 3시로 늦출 수 있을까요?
Can we push our meeting back to 3 P.M.?

우리 약속 시간을 오후 5시로 늦출 수 있을까요?
Can we push our appointment back to 5 P.M.?

마감 날짜를 화요일로 늦출 수 있을까요?
Can we push the deadline date back to Tuesday?

당신의 출발 날짜를 며칠 늦출 수 있을까요?
Can you push your departure date back a few days?

당신의 개장일을 9월까지 늦출 수 있을까요?
Can you push your opening date back until September?

Step 2 Situation Dialog

A **Can we push our meeting back** to next week?

B I am afraid I can't. My calendar is completely filled for next week.

A 우리 회의를 다음 주로 늦출 수 있을까요?

B 미안하지만 그럴 수 없습니다. 다음 주 일정이 꽉 차있거든요.

Step 3 Exercise

a. 컨퍼런스를 1주일 미룰 수 있을까요?

_____

b. 우리 회의를 한 시간 늦출 수 있을까요?

_____

Pattern 038

Can I get an extension on~?

~에 대한 기일을 연장 받을 수 있나요?

마감일 또는 종료일의 기한을 연장할 수 있는지 문의하는 표현이다. 전치사는 상황에 따라 on 또는 for 를 사용한다.

Step 1 Basic Pattern

보고서 기일을 연장 받을 수 있나요?
Can I get an extension on the report?

일주일 더 연장 받을 수 있나요?
Can I get an extension for another week?

마감일을 연장 받을 수 있나요?
Can I get an extension on the due date?

평가서 마감일을 연장 받을 수 있나요?
Can I get an extension on the due date for the assessment?

제안서 제출 마감일을 연장 받을 수 있나요?
Can I get an extension on the deadline for submitting the proposal?

Step 2 Situation Dialog

A When is the deadline for the report?
B You have to finish it by tomorrow.
A **Can I get an extension for** a few days?

A 보고서 제출 마감일이 언제인가요?
B 내일까지 끝내야 합니다.
A 며칠 더 연장 받을 수 있나요?

Step 3 Exercise

a. 제안서를 내일까지 연장 받을 수 있나요?

b. 보고서를 며칠 연장 받을 수 있나요?

Unit 06. 일정 조정 및 변경   71

I am available~

~에 시간이 있습니다

일정을 조정할 때 상대방에게 본인이 가능한 시간이나 기간을 말해주는 표현이다. 전치사는 필요에 따라 from~ to 또는 after, until, during 등을 사용할 수 있다.

Step 1 Basic Pattern

저는 오늘 오후에 시간이 있습니다.
I am available this afternoon.

저는 수요일에 시간이 있습니다.
I am available on Wednesday.

저는 화요일 오전 9시부터 오후 2시까지 시간이 있습니다.
I am available from 9 A.M. to 2 P.M. on Tuesday.

저는 내일 오전에는 언제라도 시간이 있습니다.
I am available anytime during the morning tomorrow.

저는 화요일이나 수요일 오후 1시 이후는 언제라도 시간이 있습니다.
I will be available either Tuesday or Wednesday any time after 1 P.M.

Step 2 Situation Dialog

A   When can you start working?
B   **I am available** to start work immediately.

A   언제 일을 시작할 수 있나요?
B   저는 즉시 일을 시작할 수 있습니다.

Step 3 Exercise

a. 저는 내일 하루 종일 시간이 있습니다. (all day)

_____

b. 저는 다음 주는 언제라도 시간이 있습니다.

_____

I am booked up~ / I am on a tight schedule~

~의 일정이 꽉 차있습니다

일정이 차서 시간을 낼 수 없을 때 사용할 수 있는 표현이다. 1인칭 I 대신 my schedule을 주어로 사용하여 My schedule is booked up~으로 사용도 가능하다.

Step 1 Basic Pattern

오늘은 일정이 잡혀 있습니다.
I am booked up for today.

오늘 저녁은 선약이 있습니다.
I am booked up for tonight.

다음 주 일정이 모두 잡혀 있습니다.
I am booked up all next week.

이번 주는 일정이 매우 빡빡합니다.
I am on a very tight schedule this week.

미안하지만 다음 주까지는 일정이 꽉 차있습니다.
I'm afraid **I am booked up** until the weekend.

Step 2 Situation Dialog

A Can you spare some time today?

B I'm sorry but **I've got a pretty tight schedule** today. How about tomorrow?

A 오늘 시간 좀 낼 수 있을까요?
B 미안합니다. 오늘은 일정이 매우 빡빡합니다. 내일은 어떨까요?

> I am on~ 대신 I've got~으로 표현할 수도 있다.

Step 3 Exercise

a. 내일은 하루 종일 일정이 잡혀 있습니다.

_____

b. 저의 일정은 다음 주 모두 잡혀 있습니다.

_____

Unit 06. 일정 조정 및 변경   **73**

Unit Exercise

다음 문장을 영어로 표현하시오.

1. 공청회를 다음 주 금요일로 재조정하는 것이 가능할까요? (hearing)

2. 개장일을 5월 1일로 앞당길 수 있나요?

3. 우리 회의를 내일까지 늦출 수 있을까요?

4. 신청서 마감일을 연장 받을 수 있나요?

5. 저는 내일 오전 9시부터 11시까지 시간이 있습니다.

6. 이번 주 저의 일정은 회의로 모두 잡혀 있습니다. (completely booked up with)

Unit 07.
약속 및 접대

041 Can we meet tomorrow?
내일 만날 수 있을까요?

042 Are you free Saturday night?
토요일 저녁에 시간이 있으세요?

043 Is it convenient for you to meet with me this afternoon?
오늘 오후 저를 만나도 괜찮으시겠습니까?

044 Let's make it at the coffee shop.
그 커피숍에서 만납시다.

045 I'll be waiting at the reception.
리셉션에서 기다리겠습니다.

046 I'll drop by your office on Monday.
월요일 당신의 사무실에 들르겠습니다

047 I'll pick you up at 5 P.M. today.
오늘 오후 5시에 당신을 데리러 가겠습니다.

048 I'll give you a lift to your hotel.
당신이 묵고 있는 호텔까지 태워 드리겠습니다.

Pattern 041

Can we meet~?

~만날 수 있을까요?

대화의 상대방에게 만날 시간 또는 장소를 묻는 표현이다. 필요한 시간 및 장소에 적절한 전치사 사용에 주의한다.

Step 1 Basic Pattern

내일 만날 수 있을까요?
Can we meet tomorrow?

화요일에 만날 수 있을까요?
Can we meet on Tuesday?

점심 시간에 만날 수 있을까요?
Can we meet at lunchtime?

오늘 오후 6시에 다시 만날 수 있을까요?
Can we meet again at 6 P.M. today?

퇴근 후 스타벅스에서 만날 수 있을까요?
Can we meet at Starbucks after work?

Step 2 Situation Dialog

A **Can we meet** again at my office next Monday?
B Sure, what time is good for you?
A I am free after 2 P.M.

A 다음 주 월요일에 저의 사무실에서 다시 만날 수 있을까요?
B 그러죠, 몇 시가 좋을까요?
A 저는 오후 2시 이후부터 시간이 있습니다.

Step 3 Exercise

a. 10월 12일에 만날 수 있을까요?

_____

b. 내일 아침 버스터미널에서 만날 수 있을까요?

_____

Pattern 042

Are you free~? / Do you have free time~? / Are you available~?

~시간이 있으세요?

대화의 상대방에게 약속을 정할 수 있는 시간이나 날짜를 묻는 질문이다. Are you free~?와 Are you available~?은 간단하지만 다양한 상황에서 유용하게 사용할 수 있는 표현이다.

Step 1 Basic Pattern

금요일에 시간 있으세요?
Are you free on Friday?

토요일 저녁에 시간 있으세요?
Are you free Saturday night?

내일 시간을 낼 수 있으세요?
Do you have free time tomorrow?

이번 주말에 시간을 좀 낼 수 있을까요?
Do you have some free time this weekend?

오늘 오후 2시 경에 시간 있으세요?
Are you available at around 2 this afternoon?

Step 2 Situation Dialog

A **Are you free** later this afternoon? I need to talk to you about a couple of things.
B I have a meeting at 2 o'clock, but I am available after that.
A How long will the meeting last?

A 오늘 오후에 시간이 있으세요? 몇 가지 사항에 관해 이야기하고 싶습니다.
B 2시에 회의가 있어요. 하지만 그 후에 시간이 있습니다.
A 회의는 얼마나 오래 걸리나요?

Step 3 Exercise

a. 오늘 점심 식사할 시간이 있으세요?
_____

b. 다음 주 월요일 오후 5시경에 시간이 있으세요?
_____

Pattern 043

Is it convenient for you to~? / Would it be convenient for you to~?

~해도 괜찮으시겠습니까?

약속을 정하고자 할 때, 상대방에게 편리한 시간 또는 장소를 묻는 표현이다. 직역을 하면 '~ 하는 것이 당신에게 편리한가요?'라는 의미이다. Can we meet~?나 Are you free~?와 어감의 차이는 있으나, 모두 비슷한 상황에서 사용할 수 있다.

Step 1 Basic Pattern

오늘 오후 저를 만나도 괜찮으시겠습니까?
Is it convenient for you to meet with me this afternoon?

금요일 오후 2시에 저를 만나도 괜찮으시겠습니까?
Is it convenient for you to meet with me at 2 P.M. on Friday?

수요일에 회의를 해도 괜찮으시겠습니까?
Would it be convenient for you to have a meeting on Wednesday?

화요일 저를 방문하러 오셔도 괜찮으시겠습니까?
Would it be convenient for you to come and visit me on Tuesday?

12시 전에 저의 사무실에 들러도 괜찮으시겠습니까?
Would it be convenient for you to come by my office sometime before noon?

Step 2 Situation Dialog

A When would you like to have the meeting?
B I am available anytime this week except tomorrow morning.
A **Is it convenient for you to** come to my office at 3 P.M. tomorrow, then?

A 언제 만나는 것이 좋을까요?
B 저는 내일 오전을 제외하고는 이번 주 언제든 가능합니다.
A 그렇다면, 내일 오후 3시에 저의 사무실로 오시는 것이 괜찮으시겠습니까?

Step 3 Exercise

a. 수요일에 회의를 해도 괜찮으시겠습니까?
   _____

b. 내일 아침 10시경에 저를 만나도 괜찮으시겠습니까?
   _____

Pattern 044 Let's make it~

~에 만납시다

약속 시간이나 장소를 결정하거나 제안하는 표현이다. 부사 then 또는 instead와 함께 사용하면, 상대방의 제안을 수정하거나 대안을 제시하는 표현도 될 수 있다.

Step 1 Basic Pattern

5시에 만납시다.
Let's make it at five.

그 커피숍에서 만납시다.
Let's make it at the coffee shop.

그렇다면 다른 시간으로 합시다.
Let's make it some other time then.

대신 2시 30분에 만납시다.
Let's make it at half past two instead.

대신 호텔 로비에서 만납시다.
Let's make it at the hotel lobby, instead.

Step 2 Situation Dialog

A How about meeting me on Monday?
B I am sorry but I will be away on Monday. I am available either Tuesday or Wednesday.
A **Let's make it** on Tuesday then.

A 월요일에 만나는 것을 어떻습니까?
B 죄송하지만 월요일은 제가 출장입니다. 화요일이나 수요일은 가능합니다.
A 그렇다면 화요일에 만납시다.

Step 3 Exercise

a. 그렇다면 다음 주에 만납시다.

b. 대신 저의 사무실에서 만납시다.

I'll be waiting~

MP3 045

~에서 기다리겠습니다

정해진 시간 또는 장소에서 상대방을 기다리겠다고 말하는 표현이다.

Step 1 Basic Pattern

리셉션에서 기다리겠습니다.
I'll be waiting at the reception.

주차장에서 기다리겠습니다.
I'll be waiting in the parking lot.

공항에서 당신을 기다리겠습니다.
I'll be waiting for you at the airport.

퇴근 후 그 커피숍에서 당신을 기다리겠습니다.
I'll be waiting for you in the coffee shop after work.

회의가 끝날 때까지 로비에서 당신을 기다리겠습니다.
I'll be waiting for you in the lobby until the meeting is over.

Step 2 Situation Dialog

A I will be available after 4 o'clock today.
B 4 is fine with me.
A Thank you, **I'll be waiting** for you in my office at 4 then.

A 오늘 4시 이후에는 시간이 있습니다.
B 4시는 저도 괜찮습니다.
A 감사합니다. 그러면 4시에 저의 사무실에서 당신을 기다리겠습니다.

Step 3 Exercise

a. 그가 돌아 올 때까지 여기서 기다리겠습니다. (until)

_____

b. 행사 후 로비에서 당신을 기다리겠습니다. (after the event)

_____

Pattern 046 I'll drop by~

~에 잠깐 들르겠습니다

'잠깐 들르다, 방문하다'라는 의미의 drop by 또는 drop in은 visit의 informal한 표현이다.

Step 1 Basic Pattern

오후 2시경에 잠시 들르겠습니다.
I'll drop by at around 2 P.M.

월요일 당신의 사무실에 들르겠습니다.
I'll drop by your office on Monday.

시내 가는 길에 당신이 있는 곳에 잠시 들르겠습니다.
I'll drop by your place on my way downtown.

내일 직원 회의 후, 당신의 사무실에 잠시 들르겠습니다.
I'll drop by your office after our staff meeting tomorrow.

내일 아침 출근하면서 우체국에 잠시 들르겠습니다.
I'll drop by the post office on my way to work tomorrow morning.

Step 2 Situation Dialog

A Can you spare some time to talk with me?
B **I'll drop by** your office after work today.

A 저와 이야기할 시간을 좀 내주시겠어요?
B 오늘 퇴근 후, 당신의 사무실에 잠시 들르겠습니다.

Step 3 Exercise

a. 집에 가는 길에 잠시 당신의 가게에 들르겠습니다. (on my way home)

_____

b. 다음 주 하루 당신의 사무실에 잠시 들르겠습니다. (someday next week)

_____

Pattern 047 I'll pick you up~

• MP3 047 •

~데리러 가겠습니다

'(역이나 공항으로 방문객을) 차로 마중 나가겠다'라는 의미의 표현이다. 이 외에도 pick up은 '집다, 들어올리다, 정보를 얻다, 전화를 받다' 등 다양한 의미로 사용된다. 예로는 Would you pick up the pencil for me? '그 연필 좀 집어 주시겠어요?'가 있다.

Step 1 Basic Pattern

오늘 오후 5시에 당신을 데리러 가겠습니다.
I'll pick you up at 5 P.M. today.

공항으로 당신을 데리러 가겠습니다.
I'll pick you up at the airport.

버스 터미널로 당신을 데리러 가겠습니다.
I'll pick you up at the bus terminal.

2시 30분에 기차역으로 당신을 데리러 가겠습니다.
I'll pick you up at the train station at 2:30.

금요일 6시 15분 전까지 호텔로 당신을 데리러 가겠습니다.
I'll pick you up at your hotel at a quarter to six on Friday.

Step 2 Situation Dialog

A When does your flight arrive at the airport?
B It is due at 7:00 P.M. on Monday.
A OK, **I'll pick you up** at the airport at that time.

A 당신의 비행기는 언제 공항에 도착하나요?
B 월요일 오후 7시에 도착할 예정입니다.
A 그렇다면, 그 시간에 제가 공항으로 당신을 모시러 가겠습니다.

Step 3 Exercise

a. 월요일 2시 30분에 당신을 데리러 가겠습니다.

_____

b. 제가 당신을 공항에서 태워서 호텔까지 모시겠습니다. (pick~ up and take~ to)

_____

Pattern 048: I'll give you a ride~ / I'll give you a lift~

〜차로 데려다 드리겠습니다

● MP3 048 ●

대화의 상대방에게 차로 태워 주겠다는 제안을 할 때 사용하는 표현이다. 목적지를 나타낼 때는 '〜까지'의 의미로 전치사 to가 주로 사용된다. 그 외 after 또는 if 구문을 연결시켜 시간(〜한 후 - 〜 after the meeting 회의 후)이나 조건(〜한다면 - 〜 if you don't mind 괜찮으시다면)을 나타낼 수 있다.

Step 1 Basic Pattern

시내까지 태워 드리겠습니다.
I'll give you a ride into town.

당신이 묵고 있는 호텔까지 태워 드리겠습니다.
I'll give you a lift to your hotel.

원하신다면, 제가 버스 터미널까지 차로 모셔다 드리겠습니다.
I'll give you a ride to the bus terminal if you want.

내일 아침 공항까지 차로 데려다 드리겠습니다.
I'll give you a ride to the airport tomorrow morning.

회의 후 기차역까지 차로 데려다 드리겠습니다.
I'll give you a ride to the train station after the meeting.

Step 2 Situation Dialog

A   Thank you for your time. I have to leave now.
B   It was very nice to meet you. Can you tell me which way you are headed? **I'll give you a ride** if you don't mind.

A   시간을 내주셔서 감사합니다. 이제 일어나겠습니다.
B   만나서 반가웠습니다. 어느 방향으로 가시는지 말씀해주시겠습니까?
    괜찮으시다면, 제가 차로 태워 드리겠습니다.

Step 3 Exercise

a. 다음 주유소까지 태워 드리겠습니다. (the next service station)

_____

b. 회의 후 호텔로 돌아 가실 때 태워 드리겠습니다. (back to the hotel)

_____

Unit 07. 약속 및 접대   **83**

Unit Exercise

다음 문장을 영어로 표현하시오.

1. 내일 오후 2시 30분에 공항에서 만날 수 있을까요?

2. 목요일 저녁에 저녁 식사할 시간이 있으세요?

3. 오늘 오후 4시 이전에 저의 사무실을 방문하는 것이 괜찮으시겠습니까?

4. 그렇다면 내일 아침에 만납시다.

5. 콘서트 홀 입구에서 당신을 기다리겠습니다.

6. 오늘 오후 3시경에 당신의 사무실에 잠시 들르겠습니다.

7. 내일 아침 8시 45분에 호텔로 당신을 모시러 가겠습니다.

8. 원하신다면 내일 사무실까지 태워 드리겠습니다.

Unit 08.
면접

049 I grew up in Seoul and I studied history at a college.
저는 서울에서 자랐으며, 대학에서 역사를 전공했습니다.

050 I graduated from Texas University with a BA in Philosophy.
저는 텍사스 대학에서 철학 학사학위를 받고 졸업했습니다.

051 I have worked at Summer Zone Inc. for 10 years as a manager.
저는 섬머필드 회사에서 매니저로 10년 동안 일했습니다.

052 I am honest, self-motivated and hard working.
저는 정직하고, 동기 부여가 강하고 그리고 열심히 일하는 사람입니다.

053 I am good at computer programming.
저는 컴퓨터 프로그래밍에 능숙합니다.

054 My weakness is that I trust people very easily.
저의 약점은 사람들을 너무 쉽게 믿는다는 것입니다.

Pattern 049 I am~ / I grew up~

• MP3 049 •

저는 ~입니다 / 저는 ~에서 자랐습니다

인터뷰는 대부분 면접 대상자의 개인 신상(나이, 결혼 유무 또는 거주지 등)에 관한 가벼운 질문으로 시작한다. 그러나 여기서 면접관의 주목적이 면접 대상자의 사적인 정보를 알고자 하는 것이 아니라는 점을 잊어서는 안 된다. 따라서 개인 신변에 관한 설명은 가능한 간략하게 답하고, 업무와 관련된 학력, 자격 또는 경력에 관한 이야기로 자연스럽게 옮겨가도록 한다.

Step 1 Basic Pattern

저는 27세이며 미혼입니다.
I am 27 years old and I'm single.

저는 결혼을 했으며, 3살짜리 딸이 있습니다.
I am married, with a 3 year old daughter.

저는 서울에서 자랐으며, 대학에서 역사를 전공했습니다.
I grew up in Seoul and I studied history at a college.

저는 독일에서 자랐으며 대학에서 회계학을 전공했습니다.
I grew up in Germany and I studied accounting at a university.

저는 텍사스 출신이지만, 현재 보스턴에서 10년째 거주하고 있습니다.
I am originally from Texas but I've lived in Boston for 10 years now.

Step 2 Situation Dialog

A Would you please tell me a little about yourself?
B My name is Beth Williams. **I am** married, with a 2 year old son. **I am** originally from Colorado, but I've lived in Florida for 5 years now.

A 자신에 관해 간략히 설명해주시겠습니까?
B 저는 베스 윌리엄스라고 합니다. 저는 결혼을 했으며, 2살 된 아들이 있습니다. 저는 원래 콜로라도 출신이지만, 현재 플로리다에서 5년째 살고 있습니다.

Step 3 Exercise

a. 저는 캘리포니아에서 자랐으며 텍사스 대학에서 정치학을 공부했습니다. (political science)

___

b. 저는 원래 로스앤젤레스 출신이지만 7년 전에 시애틀로 이사했습니다.

___

I graduated from~ / I studied at~

◦ MP3 050 ◦

~을 졸업했습니다 / ~에서 공부했습니다

학력 또는 전공 분야에 관한 질문에 대답하는 표현이다. 학교 이름 앞에 전치사 at 또는 from을 사용하며, 전공 분야는 in, 학위의 종류는 with로 나타내는 것이 일반적이다. '졸업하다' 또는 '학업을 마치다'는 graduate 외에도 finish나 complete로 나타낼 수 있다.

Step 1 Basic Pattern

저는 현재 스프링필드 대학에 재학 중입니다.
I am currently a student at Springfield College.

저는 텍사스 대학에서 철학 학사 학위를 받고 졸업했습니다.
I graduated from Texas University with a BA in Philosophy.

저는 워싱턴 대학에서 회계학 학사 학위를 받고 졸업했습니다.
I graduated from Washington University with a BA in Accounting.

저는 예일 대학에서 공부했으며 작년에 그래픽 디자인 학사 학위를 받고 졸업했습니다.
I studied at the Yale University and graduated last year with a Bachelor's degree in Graphic Design.

저는 최근 런던 대학에서 경제학 석사 과정을 마쳤습니다.
I have recently completed my Master course in Economics at London University.

Step 2 Situation Dialog

A Please tell me a little about your educational background.
B **I studied at** the University of Texas and graduated this year with a Master Degree in Visual Arts.

A 귀하의 교육적 배경에 대해 말해보세요.
B 저는 텍사스 대학에서 공부를 했으며, 올해 시각 미술 석사 과정을 마쳤습니다.

Step 3 Exercise

a. 저는 지난 해 코넬 대학에서 역사학 학사 학위를 받았습니다.
_____

b. 저는 얼마 전에 옥스퍼드 대학에서 컴퓨터 공학 석사 과정을 마쳤습니다. (have just finished)
_____

I have worked~ / I have been working~

~근무한 적이 있습니다 / ~근무해 왔습니다

• MP3 051 •

현재의 근무 상황이나 경력에 관한 질문에 대답하는 표현이다. 동사의 시제는 본인의 상황에 따라 단순 과거(I worked~), 현재 완료(I have worked~) 또는 현재 진행형(I am working~)이나 현재 완료 진행형(I have been working~) 등을 사용할 수 있다.

Step 1 Basic Pattern

저는 2년 동안 로펌에서 인턴으로 일했습니다.
I worked as an intern at a law firm for 2 years.

현재, 저는 로빈슨 회사에서 전기 기술자로 일하고 있습니다.
Currently, **I am working** as an electrician in Robinson Ltd.

저는 섬머 존 회사에서 매니저로 10년 동안 일했습니다.
I have worked at Summer Zone Inc. for 10 years as a manager.

저는 세일즈 마케팅 부서에서 3년 동안 근무해 왔습니다.
I have been working in the sales and marketing department for 3 years.

저는 지난 2년 동안 소프트웨어 회사에서 시간제 프로그래머로 일했습니다.
I have worked as a part time programmer at a software company for the past 2 years.

Step 2 Situation Dialog

A Please tell me about your past work experience.
B After graduation, **I was hired** at a broadcasting station and **worked** there for 5 years.

A 과거 직무 경력에 대해 말해주세요.
B 졸업 후, 저는 방송국에 취직하여 그곳에서 5년 동안 일했습니다.

Step 3 Exercise

a. 저는 컴퓨터 프로그래밍 분야에서 10년 일한 경력을 갖고 있습니다. (have ~ of experience in)

_____

b. 저는 지난 몇 년 동안 한 개인 변호사를 위해 일해오고 있습니다.
   (work for an independent solicitor)

_____

I am~ / I enjoy~

○ MP3 052 ○

저는 ~입니다 / 저는 ~을 좋아합니다

면접 대상자의 성격이나 성향에 관한 질문에 답하는 표현이다. '저는 ~한 사람입니다'라는 의미로 be 동사를 사용하여 I am~ 으로 나타내면, 간단하면서도 명료하게 표현하고자 하는 의미를 전달할 수 있다. 또는 '저는 ~하는 것을 좋아합니다'라는 의미로 I enjoy ~ -ing 구문을 사용하는 것도 효과적인 표현 방법 중 하나이다.

Step 1 Basic Pattern

저는 의사 소통에 능합니다.
I am a good communicator.

저는 다른 사람들과 함께 일하는 것을 좋아합니다.
I enjoy working with other people.

저는 정직하고, 동기 부여가 강하고 그리고 열심히 일하는 사람입니다.
I am honest, self-motivated and hard working.

저는 성격이 원만하고 다른 사람들과 잘 어울립니다.
I am an easy going person that works well with everyone.

저는 다양한 문화적 배경의 사람들과 대화하는 것을 즐깁니다.
I enjoy having conversations with people of different cultures.

Step 2 Situation Dialog

A How would you describe yourself?
B I think **I'm** a hard worker and **I enjoy** taking on a variety of challenges.

A 자신을 어떤 사람으로 생각하나요?
B 저는 제가 열심히 일하는 사람이라고 생각합니다. 그리고 저는 다양한 도전에 직면하는 것을 즐깁니다.

Step 3 Exercise

a. 저는 문제를 해결하고 사람들을 도와주는 것을 좋아합니다.

_____

b. 저는 열심히 일하는 사람입니다. 그리고 다양한 문화적 배경의 사람들과 함께 일하는 것을 좋아합니다.

_____

Pattern 053 I have~ / I am good at~

~(자질 또는 능력)을 보유하고 있습니다 / ~에 능숙합니다

면접 대상자의 장점이 무엇인지를 묻는 질문에 대한 대답이다. 사전 조사를 통해 지원한 부서 또는 예상 업무와 관련이 있는 자질이나 능력을 장점으로 부각시킬 수 있도록 한다. 위의 표현 외에도 '저의 장점은~ 입니다'라고 직설적으로 표현하는 방법도 있다.

* My strength is~, One of my strength is~ '저의 장점은 ~입니다'

Step 1 Basic Pattern

저는 조직력이 뛰어납니다.
I have good organizational skills.

저는 사람들을 잘 다룹니다.
I am good at dealing with people.

저는 컴퓨터 프로그래밍에 능숙합니다.
I am good at computer programming.

저는 대인 관계가 좋습니다. 저는 이 능력이 고객과의 문제를 해결하는데 유용하다고 생각합니다.
I have good interpersonal skills, which I believe is effective in dealing with clients.

저의 장점 중의 하나는 의사소통 능력입니다.
One of my strengths is my communication skills.

Step 2 Situation Dialog

A Please tell me what your strengths are.
B I think I am a good team player. **I am good at** producing quality work in a team environment.

A 자신의 장점이 무엇인지 말해주세요.
B 저는 자신을 단체 생활을 잘 하는 사람으로 생각합니다. 저는 팀으로서의 업무 환경에서 좋은 결과를 산출해 내는 재능이 있습니다.

Step 3 Exercise

a. 저는 남의 말에 귀를 기울이고 응답하는 능력이 있습니다. (listen as well as respond)

b. 저는 시간을 잘 지키는 것이 저의 가장 큰 장점들 중의 하나라고 생각합니다. (punctuality)

Pattern 054 My weakness is~ / I tend to~

저의 약점은 ~입니다 / 저는 ~하는 경향이 있습니다

MP3 054

면접 대상자의 약점이 무엇인지 묻는 질문에 대해 답하는 표현이다. '저의 약점은 ~입니다'로 직접적으로 표현하거나 '저는 ~하는 경향이 있습니다'처럼 간접적으로 표현할 수도 있다. 약점에 관해 말할 때 주의할 점은 그 약점이 해당 업무에 지장을 주는 것이어서는 안 된다. 또한 본인이 그 약점을 잘 인식하고 있으며, 앞으로 개선의 여지가 충분히 있다는 여지를 두어야 한다.

Step 1 Basic Pattern

저의 약점은 대중 연설입니다. **My weakness is** public speaking.

저의 가장 큰 약점은 경험 부족입니다. **My biggest weakness is** my inexperience.

저는 저의 업무에 너무 조심성이 많은 경향이 있습니다.
I tend to be overly cautious in my work.

저의 약점은 사람들을 너무 쉽게 믿는다는 것입니다.
My weakness is that I trust people very easily.

저의 약점은 누군가 제게 도움을 청할 때 거절하지 못하는 것입니다.
My weakness is that I can't say no when someone asks me for help.

Step 2 Situation Dialog

A Please tell me what your weaknesses are.

B **One of my weaknesses is that** I am too honest and straightforward. I have sometimes spoken in a way that has hurt other people's feelings.

A 자신의 약점이 무엇인지 말해보세요.
B 저의 약점 중의 하나는 지나치게 솔직하고 직설적인 점입니다. 저는 가끔 말을 해서 다른 사람들의 감정을 상하게 하는 경우가 있습니다.

Step 3 Exercise

a. 저는 결정을 너무 빨리 내리는 경향이 있습니다. (take decisions)

_____

b. 저는 수줍음을 아주 많이 탑니다. 그리고 낯선 사람들에게 말할 때 긴장을 합니다.
(shy / talk to strangers)

_____

Unit Exercise

다음 문장을 영어로 표현하시오.

1. 저는 서울에서 자랐으며 대학에서 수학을 전공했습니다.

2. 저는 플로리다 대학에서 수학했으며 올해 MBA를 받았습니다. (receive)

3. 저는 네바다시에서 5년 동안 호텔 경영 분야에서 일해 왔습니다.
   (in hotel management / Nevada City)

4. 저는 사람들과 어울리는 것을 좋아하고 팀으로 일하는 것을 즐깁니다.
   (like ~ -ing / enjoy ~ -ing)

5. 저는 산만한 상황에서도 집중을 잘 하는 능력이 있습니다.
   (stay focus / among the distractions)

6. 저의 가장 큰 약점은 제가 관심이 없는 일에는 다소 굼뜨다는 것입니다.
   (a bit lazy about)

Unit 09.
회의

- 055 We have a meeting at 2 o'clock.
  2시에 회의가 있습니다.
- 056 We're here today to discuss our sales strategy.
  오늘 우리는 판매 전략을 논의하기 위해 이곳에 모였습니다.
- 057 Let's start with the first item on the agenda.
  의제의 첫째 안건을 시작합니다.
- 058 My point is that our sales are increasing.
  저의 요점은 우리 판매가 증가하고 있다는 것입니다.
- 059 What is your opinion on the proposal?
  그 제안에 대한 당신의 의견은 무엇입니까?
- 060 I agree with your opinion.
  나는 당신의 의견에 동의합니다.
- 061 I disagree with your opinion.
  나는 당신의 의견에 동의하지 않습니다.
- 062 We have decided to move our offices.
  우리는 사무실을 이전하기로 결정했습니다.

We are having a meeting~ / We are going to have a meeting ~

MP3 055

~회의가 있습니다

회의가 있다는 것을 알리는 표현이다. 현재시제, 진행시제 또는 be going to~ 등을 사용할 수 있다. 시제가 달라도 모두 가까운 미래를 나타내는 것이므로 큰 의미의 차이는 없다. 회의를 계획하고 있을 때는 동사 plan의 현재시제나 현재진행 시제로 표현한다.

Step 1 Basic Pattern

2시에 회의가 있습니다.
We have a meeting at 2 o'clock.

오늘 오후에 회의가 있습니다.
We are having a meeting this afternoon.

이번 수요일에 회의를 열려고 합니다.
We are going to have a meeting this Wednesday.

신규 사업을 논의하기 위한 회의를 열려고 합니다.
We are going to have a meeting to discuss the new business.

마케팅 팀과 회의를 가질 계획입니다.
We are planning to hold a meeting with the marketing team.

Step 2 Situation Dialog

A **We are having a meeting** about this issue at 9 o'clock tomorrow morning.
B Where is the meeting being held?
A It will be held in Room C201.

A 내일 아침 9시에 이 문제에 관한 회의가 열릴 것입니다.
B 회의는 어디서 열리나요?
A C201호실에서 열립니다.

Step 3 Exercise

a. 우리는 내일 오후 회의를 열려고 합니다.

_____

b. 우리는 다음 주 금요일 세일즈 팀과 회의를 가질 계획입니다.

_____

We're here today to~ / The purpose of the meeting is to~

◦ MP3 056 ◦

우리는 ~하기 위해 이곳에 모였습니다 / 회의의 목적은 ~하기 위한 것입니다

회의 목적을 나타내는 표현이다. The purpose of~가 상대적으로 더 격식을 차린 표현이지만, 어떤 상황에서 어느 표현을 사용하더라도 의미의 차이는 없다.

Step 1 Basic Pattern

오늘 우리는 판매 전략을 논의하기 위해 이곳에 모였습니다.
We're here today to discuss our sales strategy.

오늘 우리는 작년 판매 실적을 재검토하기 위해 이곳에 모였습니다.
We're here today to review the sales figures for last year.

우리는 오늘 몇 가지 새로운 업무 규정을 소개하기 위해 이 자리에 모였습니다.
We're here today to introduce some new workplace policies.

회의의 목적은 영업 인력의 훈련 문제를 논의하기 위한 것입니다.
The purpose of the meeting is to discuss training issues in the salesforce.

오늘 회의의 목적은 어떻게 직원들의 동기를 유발시킬 것인지 논의하기 위한 것입니다.
The purpose of the meeting today is to discuss how to motivate employees.

Step 2 Situation Dialog

Good afternoon everyone, and thank you for attending today's meeting on such short notice. **We're here today to** discuss how to improve our workplace safety.

안녕하십니까 여러분. 급히 연락했음에도 불구하고 오늘 이렇게 참석해주셔서 감사합니다. 오늘 우리는 작업장의 안전을 개선시킬 방법을 논의하기 위해 이 자리에 모였습니다.

Step 3 Exercise

a. 우리는 오늘 우리의 신제품 계획을 논의하기 위해 여기 모였습니다. (new product plan)

b. 회의의 목적은 내년의 판매 전략을 논의하기 위한 것입니다. (marketing strategy)

Let's start with~ / The first item on the agenda is~

MP3 057

~부터 시작합니다 / 첫 번째 안건은 ~입니다

의제에 기록된 세부 안건에 관한 항목별 토론을 시작하는 표현이다. 목차 또는 리스트에 기록된 순서에 따라 the first, the second 또는 the last 등으로 해당 항목을 선택하여 논의를 진행할 수 있다. Let's start with~ 대신 I'd like to start with~로 표현해도 좋다.

Step 1 Basic Pattern

의제의 첫째 안건을 시작합니다.
Let's start with the first item on the agenda.

판매 실적부터 시작합니다.
Let's start with the sales figures.

직원 훈련 예산부터 시작합니다.
Let's start with the staff training budget.

의제의 첫째 안건은 인원 감축입니다.
The first item on the agenda is the workforce reduction.

의제의 첫째 안건은 현재 시장 상황입니다.
The first item on the agenda is the current market situation.

> 두 번째 안건은 다음과 같이 응용해서 표현할 수 있다:
> Let's go on to the next item on the agenda. / The second item on the agenda is~

Step 2 Situation Dialog

Please look at the list on page three. **The first item on the agenda is** the new marketing strategy.

3페이지의 목록을 보시기 바랍니다. 의제의 첫 번째 안건은 새로운 마케팅 전략입니다.

Step 3 Exercise

a. 새로운 투자 계획부터 시작합니다.

___

b. 의제의 첫째 안건은 2분기의 판매 현황입니다. (the sales performance)

___

My point is that~

MP3 058

저의 요점은 ~입니다

회의 요점을 강조하거나 핵심 내용을 반복해서 상기시키고자 할 때 사용할 수 있는 표현이다. My point~ 대신 What I mean is that~으로 표현해도 무방하다.

Step 1

저의 요점은 우리 판매가 증가하고 있다는 것입니다.
My point is that our sales are increasing.

저의 요점은 우리 판매가 감소하고 있다는 것입니다.
My point is that our sales are decreasing.

저의 요점은 이 사업이 여전히 수익성이 좋다는 것입니다.
My point is that this business is still profitable.

저의 요점은 우리는 다음 분기의 판매 목표를 달성해야 한다는 것입니다.
My point is that we have to meet the sales targets in the next quarter.

제가 의미하는 것은 앞으로 몇 개월 동안 더 많은 해고가 예상된다는 것입니다.
What I mean is that we are anticipating more layoffs in the next few months.

Step 2

My point is that we need an alternative strategy. Otherwise, we may have to lay off more employees in the next quarter.

저의 요점은 우리에게 다른 전략이 필요하다는 것입니다. 그렇지 않으면, 우리는 다음 분기에 더 많은 종업원들을 해고해야 할지도 모릅니다.

Step 3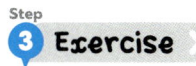

a. 저의 요점은 우리는 더 많은 직원이 필요하다는 것입니다.
_____

b. 저의 요점은 우리에게 허비할 시간이 없다는 것입니다. (no time to waste)
_____

What is your opinion on~?

• MP3 059 •

~에 대한 당신의 의견은 무엇입니까?

회의 참석자들에게 어떤 사항이나 안건에 대한 의견을 묻는 표현이다. 견해라는 의미로 opinion 대신 view를 사용할 수도 있다. 전치사는 on 외에도 about 또는 of 등이 사용된다.

Step 1 Basic Pattern

그 문제에 대한 당신의 의견은 무엇입니까?
What is your opinion on the issue?

그 제안에 대한 당신의 의견은 무엇입니까?
What is your opinion on the proposal?

사무실 이전에 관한 당신의 의견은 무엇입니까?
What is your opinion on the office relocation?

그 합병 계획에 대한 당신의 의견은 무엇입니까?
What is your opinion about the merger plans?

그 건축 기획에 대한 당신의 견해는 무엇입니까?
What is your view on the building project planning?

Step 2 Situation Dialog

A **What is your view about** the expansion work on the parking lot?
B We still have enough space for everyone. Therefore, I think we have to give priority to some other works.

A 주차장 확장 공사에 대해 어떻게 생각하십니까? (당신의 견해는 무엇입니까?)
B 아직 모두에게 충분한 공간이 있습니다. 따라서, 저는 다른 공사에 우선권을 주어야 한다고 생각합니다.

Step 3 Exercise

a. 가격 할인에 대한 당신의 의견은 무엇입니까?
___

b. 새 투자 계획에 대한 당신의 견해는 무엇입니까?
___

98 비즈니스 영어회화 핵심 패턴

Pattern 060 I agree with~

~에 동의합니다

○ MP3 060 ○

상대방의 의견이나 제안에 동의함을 나타내는 표현이다. 대부분 전치사 [with+명사 또는 명사구]를 사용하거나 [부정사 to+동사원형]의 구문으로 나타낸다. 그 외 전치사 on이나 전치사 to를 사용할 수도 있다.

Step 1 Basic Pattern

나는 당신의 의견에 동의합니다.	**I agree with** your opinion.
나는 그의 제안에 동의합니다.	**I agree with** his suggestion.
나는 그녀의 논평에 동의합니다.	**I agree with** her comments.
나는 원칙에 있어서는 당신과 의견이 같습니다.	**I agree with** you in principle.
나는 그 수정안을 받아들이는 데 동의합니다.	**I agree to** accept the amendments.

> with는 어떤 사항 또는 사람에 동의할 때(agree with something or someone), on은 문제점이나 논점에 동의할 때 (agree on some issue or a point of debate) 그리고 to는 조항 또는 요구 사항에 동의할 때(agree to demands or queries) 각각 사용된다.
> • We agreed on the price. 우리는 가격에 동의했다.
> • I agreed with you on the issue. 나는 그 문제에 대해 당신과 의견이 같다.
> • We agreed to the proposal. 우리는 그 제안에 동의했다. (We agreed with the proposal도 가능)

Step 2 Situation Dialog

A Have you read this agreement?
B Yes, I have and **I agree to** all of its terms and conditions.

A 합의서를 읽어 보셨나요?
B 네, 읽었습니다 그리고 모든 조항 및 조건에 동의합니다.

Step 3 Exercise

a. 나는 어느 정도는 당신과 의견이 같습니다. (to a certain degree)

___

b. 나는 그 제안을 받아들이는 데 동의합니다. (accept the offer)

___

Unit 09. 회의   **99**

Pattern 061

I disagree with~ / I don't agree with~

• MP3 061 •

~에 동의하지 않습니다

상대방의 의견에 반대하거나 동의하지 않음을 나타내는 표현이다. 긍정과 부정의 차이일 뿐, 기본 어법은 Pattern 60의 I agree~ 구문과 동일하다.

① Basic Pattern

나는 당신의 의견에 동의하지 않습니다.
I disagree with your opinion.

나는 당신의 분석에 동의하지 않습니다.
I disagree with your analysis.

나는 그 점에 대해서 당신과 의견이 다릅니다.
I don't agree with you on that point.

나는 그 문제에 대한 당신의 접근 방법에 동의하지 않습니다.
I don't agree with your approach to the issue.

나는 그 분쟁을 해결하기 위한 당신의 제안에 동의하지 않습니다.
I don't agree with your proposal to resolve the conflict.

② Situation Dialog

A What is your opinion on this issue?
B **I don't agree with** the proposed solution. It will be an expensive and time consuming procedure.

A 그 문제에 대한 당신의 의견은 무엇입니까?
B 저는 제기된 그 해결안에 동의하지 않습니다. 그것은 비용이 많이 들고 시간이 오래 걸리는 방법입니다.

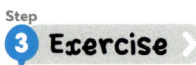

③ Exercise

a. 나는 당신이 한 말에 동의하지 않습니다.
　_____

b. 나는 그 투자 계획에 동의하지 않습니다.
　_____

We have decided~

우리는 ~을 결정했습니다

◦ MP3 062 ◦

어떤 안건에 대해 결정이 내려졌음을 알리거나 선언하는 표현이다. 결정된 사항은 to 부정사 구문으로 나타내면 편리하다. '~하지 않기로 결정이 내려졌을 때'는 [not to 부정사] 구문을 사용한다.

우리는 사무실을 이전하기로 결정했습니다.
We have decided to move our offices.

우리는 그 신청을 거절하기로 결정했습니다.
We have decided to reject the application.

우리는 마감일을 연장하지 않기로 결정했습니다.
We have decided not to renew the deadline.

우리는 신기술에 투자하기로 결정했습니다.
We have decided to invest in new technology.

우리는 새로운 보안 시스템을 설치하기로 결정했습니다.
We have decided to install the new security system.

Since there is no objection to this proposal, **we have decided** to start the new project from next month.

이 제안에 대한 반대가 없으므로, 우리는 다음 달부터 새 프로젝트를 시작하기로 결정했습니다.

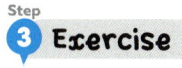

a. 우리는 신제품을 출시하기로 결정했습니다. (launch 또는 release)

b. 우리는 관리 계약을 연장하기로 결정했습니다. (renew / maintenance contract)

Unit Exercise

다음 문장을 영어로 표현하시오.

1. 우리는 내일 이 문제들을 논의하기 위한 회의를 열 것입니다.

2. 오늘 회의의 목적은 우리 배송 서비스를 개선시키는 방법을 논의하기 위한 것입니다.

3. 의제의 첫 번째 안건은 작업 현장의 안전 보고서입니다. (workplace safety report)

4. 저의 요점은 투자자들은 항상 좋은 투자 기회를 찾고 있다는 것입니다. (investment opportunities)

5. 새 광고 캠페인에 대한 당신의 의견은 무엇입니까? (new ad campaign)

6. 나는 계약 조항 및 조건에 동의합니다.

7. 저는 그가 제안하는 그 해결안에 전혀 동의하지 않습니다.

8. 우리는 내년까지 신제품을 출시하지 않기로 결정했습니다.

Unit 10.
발표

063 My topic today is Workplace Safety.
오늘 저의 주제는 작업장의 안전입니다.

064 My presentation is divided into three sections.
저의 발표는 세 가지 섹션으로 나누어집니다.

065 I'd like to begin with a brief comment on some key issues.
몇 가지 주요 문제들에 대한 간략한 언급으로 시작하겠습니다.

066 To begin with, I'd like to talk about the basics of franchising.
먼저, 프렌차이즈의 기본에 관해 이야기하겠습니다.

067 Let's move on to the next item on the agenda.
의제의 다음 항목으로 넘어가겠습니다.

068 I'd like to emphasize the need for incentives.
저는 장려책의 필요성을 강조하고 싶습니다.

069 Please look at the graph on the screen.
스크린의 그래프를 봐 주십시오.

070 This graph shows customer complaints in our stores.
이 그래프는 우리 상점들의 고객 불만을 보여줍니다.

071 To conclude, good communication skills are key to success.
결론적으로, 좋은 대화 기술은 성공의 열쇠입니다.

072 If you have any questions, please feel free to ask.
어떤 질문이라도 있다면, 자유롭게 물어보세요.

Pattern 063

My topic today is~ / The topic of my presentation is~

MP3 063

저의 주제는 ~입니다

발표의 주제 또는 목적이 무엇인지 밝히는 표현이다. 주제를 알릴 때는 my topic~ 또는 the topic of my presentation~으로 시작하고, 목적을 설명할 때는 the purpose of my presentation~으로 시작한다.

Step 1 Basic Pattern

오늘 저의 주제는 작업장의 안전입니다. **My topic today is** Workplace Safety.

오늘 저의 주제는 투자 수익 향상에 관한 것입니다.
My topic for today is about enhancing return on investment.

저의 발표의 주제는 지도력과 경영 기술입니다.
The topic of my presentation is the leadership and management skills.

저의 발표의 목적은 국내 시장의 추세를 소개하기 위한 것입니다.
The purpose of my presentation is to introduce the trends in the domestic market.

저의 발표의 목적은 효과적인 광고 매체를 선택하는 방법을 설명하기 위한 것입니다.
The purpose of my presentation is to explain how to choose an effective advertising media.

Step 2 Situation Dialog

Good morning ladies and gentlemen, thank you for coming.
The purpose of my presentation today is to explain how to increase your productivity at work.

안녕하십니까. 참석해주셔서 감사합니다. 오늘 저의 발표의 목적은 어떻게 하면 여러분들의 업무 생산성을 향상시킬 수 있는지를 설명하기 위한 것입니다.

Step 3 Exercise

a. 오늘 저의 주제는 '역할과 책임'입니다.

_____

b. 오늘 저의 발표의 주제는 사업상의 세 가지 주요 위험 요인에 관한 것입니다.
(three major risk factors)

_____

104 비즈니스 영어회화 핵심 패턴

Pattern 064: My presentation consists of~ / My presentation is divided into~

◦ MP3 064 ◦

저의 발표는 ~로 구성됩니다 / 저의 발표는 ~로 나누어집니다

발표의 개요나 항목별 분류에 대해 설명하는 표현이다. 분류 구조는 대부분 3, 4개 또는 5개 파트로 나누어지며, 단위는 주로 point, part, section 또는 category 등을 사용한다.

Step 1 Basic Pattern

저의 발표는 두 가지 주요 포인트로 구성됩니다.
My talk consists of two main points.

저의 발표는 세 가지 섹션으로 나누어집니다.
My presentation is divided into three sections.

저의 발표는 다음과 같은 네 가지 포인트로 구성됩니다.
My presentation consists of the following four points.

저는 발표를 다섯 가지 주요 파트로 나누었습니다.
I have divided my presentation into five main parts.

오늘 발표에서, 저는 세 가지 포인트를 다루고자 합니다.
In today's presentation, I'd like to cover three points.

Step 2 Situation Dialog

My topic today is about effective communication in the workplace. **I am going to divide my presentation into** three main points.

오늘 저의 주제는 직장에서의 효율적인 의사소통에 관한 것입니다. 저는 저의 발표를 세 가지 주요 포인트로 나누고자 합니다.

Step 3 Exercise

a. 저의 발표는 네 가지 주요 섹션으로 구성됩니다.

_____

b. 저는 저의 발표를 다음과 같이 세 가지 파트로 나누고자 합니다.

_____

Pattern 065

Let's begin with~ / I'd like to begin with~

• MP3 065

~에서 시작하겠습니다

발표의 본론에 대한 설명을 시작한다는 표현이다. 본론 내용을 파트 또는 섹션별로 나누어 설명할 때는 Pattern 66의 표현을 사용한다.

Step 1 Basic Pattern

첫 번째 포인트를 시작합니다.
Let's begin with the first point.

경영의 기능을 살펴보는 것에서 시작하겠습니다.
Let's begin by looking at the functions of management.

몇 가지 주요 문제들에 대한 간략한 언급으로 시작하겠습니다.
I'd like to begin with a brief comment on some key issues.

회사 연혁에 대한 간단한 설명에서 시작하겠습니다.
I'd like to begin with a short statement about the company history.

온라인 마케팅에 관한 몇 가지 개괄적인 언급으로 시작하겠습니다.
I'd like to begin with a few general comments about online marketing.

Step 2 Situation Dialog

The purpose of my presentation today is to explain our marketing strategy. **I'd like to start with** some background information about it.

오늘 저의 발표의 목적은 우리 회사의 마케팅 전략을 설명하기 위한 것입니다. 저는 그것에 관한 약간의 배경 정보를 설명하면서 시작하겠습니다.

Step 3 Exercise

a. 마케팅의 역할을 살펴보는 것에서 시작합니다. (the role of marketing)

_____

b. 저는 아웃소싱의 간략한 정의에서 시작하겠습니다.

_____

106 비즈니스 영어회화 핵심 패턴

Pattern 066

Firstly~ / To begin with~ / To start with~

MP3 066

첫 번째로~

파트별로 나누어진 본문의 첫 항목에 대한 설명을 시작하는 표현이다. Firstly~, Secondly~, Thirdly~, Lastly~와 같은 순서로 진행시킨다.

Step 1 Basic Pattern

첫째, 시간 관리 기술에 관해 논의하겠습니다.
Firstly, I'd like to discuss time management skills.

먼저, 프렌차이즈의 기본에 관해 이야기하겠습니다.
To begin with, I'd like to talk about the basics of franchising.

첫 번째로, 고객 경험이 어떤 것인지 논의하겠습니다.
To begin with, I'd like to discuss what customer experience is.

첫 번째로, 비즈니스 프로세스를 최적화하는 방법을 설명하겠습니다.
To start with, I'd like to explain how to optimize the business process.

첫 번째로, 글로벌 마케팅의 기회와 도전에 관해 이야기하겠습니다.
To start with, I'd like to talk about the opportunities and challenges of global marketing.

Step 2 Situation Dialog

As you see on the screen, my presentation consists of three main categories. **To start with,** I'd like to talk about work-life balance.

스크린으로 보시는 것처럼 저의 발표는 세 가지 주된 카테고리로 구성됩니다. 먼저, 일과 생활의 균형에 관해 이야기하겠습니다.

Step 3 Exercise

a. 먼저, 제품의 이미지화란 무엇인가를 설명하겠습니다. (branding)

_____

b. 먼저, 어떻게 직원들에게 동기부여를 할 것인가에 관해 논의하겠습니다. (how to motivate)

_____

Let's move on to~ / I'll move on to~

• MP3 067 •

~로 넘어가겠습니다

한 항목에 대한 설명이 끝난 후, 다음 항목으로 넘어가는 표현이다.

다음 토픽으로 넘어가겠습니다.
Let's move on to the next topic.

의제의 다음 항목으로 넘어가겠습니다.
Let's move on to the next item on the agenda.

다음 항목으로 넘어가겠습니다. 이는 '팀 역학'입니다.
Let's move on to the next item, which is 'Team Dynamics.'

다음 포인트로 넘어가겠습니다. 이는 '공정한 협상의 중요성'입니다.
I'll move on to the next point, which is 'the importance of a fair negotiation.'

다음 항목으로 넘어가겠습니다. 이는 '전자상거래 전략과 케이스 연구'입니다.
I'll move on to the next category, which is 'Ecommerce Strategies and Case Studies.'

Now, **I'll move on to** the next topic, which is about how to deal with customer complaints.

이제, 다음 주제로 넘어가겠습니다. 이는 고객 불만을 어떻게 다룰 것인가에 관한 것입니다.

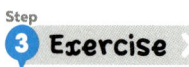

a. 다음 토픽으로 넘어가겠습니다. 이는 '소비자 행동 분석'입니다. (Consumer Behavior Analysis)

_____

b. 다음 토픽으로 넘어가겠습니다. 이는 '채용과 직원 개발'입니다.
(Recruitment and Staff Development)

_____

I want to stress~ / I'd like to emphasize~

~을 강조하고 싶습니다

특정 사항에 대한 설명을 반복하거나 강조할 때 사용하는 표현이다. 동사는 emphasize와 stress 외에도 highlight, underline 또는 put emphasis on 등의 표현을 사용할 수 있다.

Step 1 Basic Pattern

저는 개혁의 필요성을 강조하고 싶습니다.
I want to stress the need for reform.

저는 장려책의 필요성을 강조하고 싶습니다.
I'd like to emphasize the need for incentives.

저는 품질 관리의 중요성을 강조하고 싶습니다.
I'd like to emphasize the importance of quality control.

저는 팀 실적의 중요성을 강조하고 싶습니다.
I'd like to emphasize the importance of team performance.

저는 직무 기반 학습의 중요성을 강조하고 싶습니다.
I'd like to emphasize the significance of work based learning.

Step 2 Situation Dialog

Hence, **I'd like to emphasize** a need for information rather than for data.

이런 이유로, 저는 자료보다는 정보의 필요성을 강조하고 싶습니다.

Step 3 Exercise

a. 저는 직원 교육의 필요성을 강조하고 싶습니다.
_____

b. 저는 효과적인 의사소통의 중요성을 강조하고 싶습니다.
_____

Pattern 069

Please look at~ / Please take a look at~

~을 봐 주십시오

배포된 자료 또는 스크린에 투사된 도표나 그래프에 시선을 집중시키기 위한 표현이다.

Step 1 Basic Pattern

사진을 봐 주십시오.
Let's look at the photo.

아래 나와 있는 차트를 봐 주십시오.
Please look at the chart shown below.

스크린의 그래프를 봐 주십시오.
Please look at the graph on the screen.

화이트보드의 라인 그래프를 봐 주십시오.
Please take a look at the line graph on the whiteboard.

그림 1에 나와 있는 도표를 봐 주십시오.
Please take a look at the diagram shown in figure 1.

Step 2 Situation Dialog

Please look at the screen in front of you. The graph on the left shows how oil prices have risen for the last decade.

여러분의 앞에 있는 스크린을 봐 주십시오. 왼쪽의 그래프는 지난 10년 동안 오일 가격이 어떻게 상승했는지를 보여줍니다.

Step 3 Exercise

a. 차트를 주의 깊게 봐 주십시오.
_____

b. 왼쪽의 선 그래프를 봐 주십시오.
_____

This graph shows~

○ MP3 070 ○

이 도표는 ~을 보여줍니다

도표나 그래프 등 시각 자료가 의미하는 바를 설명하는 표현이다. 자료의 종류에 따라 This slide shows~, This chart shows~ 또는 This graph shows~ 등으로 나타낼 수 있다.

Step 1 Basic Pattern

이 차트는 시간에 따른 유행의 변화를 보여줍니다.
This chart shows trend changes over time.

이 그래프는 우리 상점들에 대한 고객 불만을 보여줍니다.
This graph shows customer complaints in our stores.

이 그래프는 올해 4월부터 8월까지의 회사의 매상을 보여줍니다.
This graph shows the company sales from April to August this year.

이 그래프는 지난 6개월 동안의 회사 매상의 증가를 보여줍니다.
This graph shows the sales increase of the company in the last 6 months.

이 도표는 고객과 기업의 수익성과의 관계를 보여줍니다.
This diagram shows the relationship between customers and corporate profitability.

Step 2 Situation Dialog

Please take a look at the graph on the screen. **This graph shows** a steadily increasing trend in coffee consumption.

스크린의 그래프를 봐 주십시오. 이 그래프는 커피 소비의 꾸준한 증가 추세를 보여줍니다.

Step 3 Exercise

 이 그래프는 올해의 첫 6개월 동안의 총 순매출을 보여줍니다.
_____

 이 도표는 자동차의 가격과 사용기간의 관계를 보여줍니다.
(the values of cars and their ages)
_____

Unit 10. 발표   **111**

In closing~ / In conclusion~

MP3 071

끝으로 / 결론적으로

지금까지의 설명되었던 내용을 근거로 최종 결론을 내리는 표현이다. In closing~ 외에도 To sum up, In summary, To conclude, All thing considered 등의 어구를 사용할 수 있다. 결론을 내리는 문장 앞에 It seems that~, It looks likely that~, I would say that~, We can conclude that~ 등의 어구를 사용하면 표현이 부드럽고 자연스러워진다.

Step 1 Basic Pattern

결론적으로, 좋은 대화 기술은 성공의 열쇠입니다.
To conclude, good communication skills are key to success.

요약하면, 우리는 우리 이익이 5% 증가했다라고 결론을 내릴 수 있습니다.
In summary, we can conclude that our profit increased 5%.

모든 것들을 고려했을 때, 실업률은 3% 하락할 것으로 보입니다.
All things considered, it looks likely that the unemployment rate will fall to 3%.

요약한다면, 기업 합병은 시장 지배력을 향상시키는 결과를 낳습니다.
To sum up, we can conclude that mergers result in an enhanced market power.

끝으로, 리더십의 유형은 직원 개개인에 따라 다양하다라고 결론을 내릴 수 있습니다.
In closing, we can conclude that the leadership style varies depending on the individual staff.

Step 2 Situation Dialog

To conclude my presentation, I would say that quality control is essential to building a successful business.

저의 발표의 결론을 내린다면, 저는 품질 관리는 사업을 성공적으로 이끌기 위해 필수적이다라고 말씀 드릴 수 있습니다.

Step 3 Exercise

a. 결론적으로, 그 기업의 성공은 독특한 경영 스타일의 결과입니다. (its unique management style)

_____

b. 모든 것들을 고려했을 때, 유가는 앞으로 몇 년 동안 계속 증가할 것으로 보입니다.
(over the next few years)

_____

If you have any questions~

• MP3 072 •

질문이 있으시다면~

발표를 끝낸 후, 청중들에게 발표 내용에 대한 궁금한 점이나 의문 사항에 대한 질문을 하도록 요청하는 표현이다. 청중의 질문과 발표자의 응답은 발표에서 매우 중요한 과정이다.

Step 1 Basic Pattern

질문에 기꺼이 답하겠습니다.
I'd be happy to take any questions.

여러분의 질문에 기꺼이 답하겠습니다.
I'm happy to answer your questions.

어떤 질문이든 해주십시오.
Please feel free to ask any questions.

어떤 질문이라도 있다면, 자유롭게 물어보세요.
If you have any questions, please feel free to ask.

어떤 질문이라도 있다면, 그 질문에 기꺼이 답하겠습니다.
If you have any questions, I'll be glad to answer them.

Step 2 Situation Dialog

Thank you for listening. Now I'll be glad to answer any questions you might have.

청취해주셔서 감사합니다. 이제, 어떤 질문이라도 있다면 기꺼이 답하겠습니다.

Step 3 Exercise

a. 어떤 질문이라도 있다면, 제게 알려주십시오. (let me know if)

_____

b. 어떤 질문이나 의견이 있으십니까?

_____

Unit Exercise

다음 문장을 영어로 표현하시오.

1. 오늘 저의 발표의 목적은 소셜 미디어 마케팅의 새로운 경향을 소개하기 위한 것입니다. (new trends)

2. 저는 저의 발표를 다음과 같이 세 가지 포인트로 나누었습니다.

3. 에너지 산업에 대한 몇 가지 개괄적인 정보에서 시작하겠습니다.

4. 먼저, 제품의 이미지화와 마케팅과의 차이에 관해 논의하겠습니다. (branding and marketing)

5. 다음 토픽으로 넘어가겠습니다. 이는 판매 촉진 기술에 관한 것입니다. (sales promotion techniques)

6. 저는 여러 전문 분야에 걸친 조사 팀의 필요성을 강조하고 싶습니다.

7. 오른쪽의 막대 그래프를 봐 주십시오.

8. 이 차트는 지난 회계년도의 우리 매출 추세를 보여줍니다. (our sales trends)

9. 요약하면, 우리는 입으로 전해지는 것이 여전히 가장 강력한 형태의 마케팅이라고 결론을 내릴 수 있습니다.

10. 하시고 싶은 질문이 있으십니까? (you would like to raise)

Unit 11.
제안 및 타협

· ·

073 I suggest we work together.
나는 우리가 함께 일할 것을 제안합니다.

074 I can give you some advice.
나는 당신에게 몇 가지 조언을 할 수 있습니다.

075 We are considering your suggestion.
우리는 당신의 제안을 고려하고 있습니다.

076 We are willing to accept your proposal.
우리는 당신의 제안을 기꺼이 받아들입니다.

077 We are in favor of your opinion.
우리는 당신의 의견에 찬성합니다.

078 We have no alternative but to accept the offer.
우리는 그 제안을 받아드리는 것 이에는 다른 대안이 없습니다.

I suggest~

~을 제안합니다

의견이나 계획을 건의 또는 제안하는 표현이다. I'd like to suggest~로 변형시키거나 또는 I propose~로 표현할 수 있다.

Step 1 Basic Pattern

나는 우리가 함께 일할 것을 제안합니다.
I suggest we work together.

나는 당신이 오늘 그의 사무실을 방문할 것을 제안합니다.
I suggest you visit his office today.

나는 우리가 회의를 연기할 것을 제안합니다.
I suggest we postpone the meeting.

나는 당신이 로빈슨 씨와 함께 일할 것을 제안하고 싶습니다.
I'd like to suggest that you work with Mr. Robinson.

나는 우리가 다음 주 회의를 한 번 더 할 것을 제안합니다.
I propose that we should have another meeting next week.

Step 2 Situation Dialog

A How should we handle this situation?
B **I suggest** that we should talk to our manager about it.

A 우리는 이 상황을 어떻게 처리해야 할까요?
B 나는 그것에 관해 매니저에게 이야기할 것을 제안합니다.

Step 3 Exercise

a. 나는 당신이 먼저 그에게 말할 것을 제안합니다.
_____

b. 나는 당신이 즉시 의사의 진찰을 받으러 갈 것을 제안합니다.
_____

Pattern 074: I can give you~ / I can offer you~

~을 제공할 수 있습니다

상대방에게 유형 무형의 도움이나 혜택을 제공할 때 사용하는 표현이다. 동사는 give 또는 offer를 사용할 수 있다.

Step 1 Basic Pattern

나는 당신에게 몇 가지 조언을 할 수 있습니다.
I can give you some advice.

나는 당신에게 도움을 줄 수 있습니다.
I can give you my assistance.

나는 공항까지 당신을 태워 드릴 수 있습니다.
I can give you a lift to the airport.

나는 그 프로그램에 관해 더 많은 정보를 당신에게 제공할 수 있습니다.
I can give you more information about the program.

우리는 대량 구입시 당신에게 할인을 해줄 수 있습니다.
We can offer you discounts on bulk purchases.

Step 2 Situation Dialog

A What can you offer me if I sign up for a membership?
B **We can offer you** a 10% discount on items purchased in our stores, and we also inform you of our new products and services on a regular basis.

A 회원 가입을 하면 어떤 혜택이 있나요?
B 저희 매장에서 구입하시는 물품에 대해 10% 할인을 해드립니다. 그리고 저희의 신제품과 서비스를 정기적으로 알려드립니다.

Step 3 Exercise

a. 우리는 여러분에게 폭넓은 연수 과정을 제공할 수 있습니다.

___

b. 나는 당신에게 그것이 어떻게 작동하는지에 대한 설명을 할 수 있습니다.

___

Pattern 075: We are considering~

우리는 ~을 고려하고 있습니다

상대방의 건의나 제안에 대해 아직 가부 결정을 내리지 않았을 경우에 사용하는 표현이다. 고려 대상, 즉 목적어로는 명사나 동명사 또는 의문사 절이 연결될 수 있다.

Step 1 Basic Pattern

우리는 모든 가능성을 고려하고 있습니다.
We are considering all the options.

우리는 당신의 제안을 고려하고 있습니다.
We are considering your suggestion.

우리는 당신의 추천을 고려하고 있습니다.
We are considering your recommendation.

우리는 그 제안을 거절하는 것을 고려하고 있습니다.
We are considering refusing the proposal.

우리는 그 단체에 가입하는 것을 고려하고 있습니다.
We are considering joining the association.

Step 2 Situation Dialog

A **I am still considering** how to respond to the customer complaints.
B If they are not satisfied with our products, I think we should offer them full refunds.

A 나는 아직 그 고객 불만에 어떻게 대응해야 할지 고려 중입니다.
B 만약 그들이 우리 제품에 만족하지 않는다면, 우리는 그들에게 전액 환불을 해주어야 한다고 생각합니다.

Step 3 Exercise

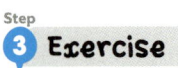

a. 우리는 다음에 무엇을 할까 생각 중입니다.

_____

b. 우리는 귀하의 제품을 구입하는 것을 고려 중입니다.

_____

We are willing to~

우리는 기꺼이 ~을 하겠습니다

상대방의 제안을 기꺼이 받아들이거나 수락한다는 의미의 표현이다. I am happy to~ 또는 I am pleased to~와 같은 의미로 사용된다. 예) We are willing to accept your offer. / We are happy to accept your offer. / We are pleased to accept your offer.

Step 1 Basic Pattern

우리는 당신의 제안을 기꺼이 받아들입니다.
We are willing to accept your proposal.

우리는 기꺼이 지정된 조건을 만족시킬 것입니다.
We are willing to meet the specified conditions.

우리는 그 기금 활동에 기꺼이 참여할 것입니다.
We are willing to participate in the fundraising activity.

우리는 기꺼이 그 사고에 대한 책임을 질 것입니다.
We are willing to take the responsibility for the accident.

우리는 그 프로젝트에 대해 기꺼이 우리 파트너 회사들과 함께 일할 것입니다.
We are willing to work together with our partner companies on the project.

Step 2 Situation Dialog

A Have you thought about my offer?
B My answer is yes. **I am willing to** accept your offer.

A 저의 제안에 대해 생각해보셨나요?
B 저의 대답은 yes입니다. 저는 기꺼이 당신의 제안을 받아들이겠습니다.

Step 3 Exercise

a. 우리는 기꺼이 하루 더 기다리겠습니다.

b. 우리는 기꺼이 차액을 지불하겠습니다.

Pattern 077 We are in favor of~

우리는 ~에 찬성합니다

상대방의 제안에 대해 동의하거나 찬성 또는 지지하는 입장임을 나타내는 표현이다. 비슷한 의미를 나타내는 동사로 agree, consent, approve 등이 있다.

Step 1 Basic Pattern

우리는 당신의 의견에 찬성합니다.
We are in favor of your opinion.

우리는 그 계약에 찬성합니다.
We are in favor of the contract.

우리는 새로운 프로젝트를 시작하는 것을 찬성합니다.
We are in favor of starting a new project.

우리는 우리 마케팅 계획을 수정하는 것에 찬성합니다.
We are in favor of modifying our marketing plan.

우리는 새로운 생산 시설을 설치하는 것에 찬성합니다.
We are in favor of installing new production facilities.

Step 2 Situation Dialog

A What is your opinion on the office relocation?
B **I am in favor of** moving our office to Boston.

A 사무실 이전에 대해 당신은 어떻게 생각하십니까?
B 저는 우리 사무실을 보스턴으로 이전하는 데 찬성합니다.

Step 3 Exercise

a. 우리는 탄력 근무 시간제에 찬성합니다. (working flexible hours)
_____

b. 우리는 상호 기금에 투자하는 것에 찬성합니다. (mutual funds)
_____

Pattern 078

We have no alternative but to~

우리는 ~하는 것 외에는 다른 대안이 없습니다

다른 대안이 없어 차선책을 선택해야 하는 경우에 사용하는 표현이다. 최선책은 아니지만 어쩔 수 없는 상황이거나 마지 못해 선택할 수 밖에 없다는 의미가 포함되어 있다.

Step 1 Basic Pattern

우리는 비용을 줄이는 것 외에는 대안이 없습니다.
We have no alternative but to reduce the cost.

우리는 그 제안을 받아드리는 것 외에는 다른 대안이 없습니다.
We have no alternative but to accept the offer.

우리는 그 규정에 따르는 것 외에는 다른 대안이 없습니다.
We have no alternative but to comply with the regulations.

우리는 일부 종업원들을 해고하는 것 외에는 다른 대안은 없습니다.
We have no alternative but to lay off some employees.

우리는 일정 전부를 취소하는 것 외에는 다른 대안이 없습니다.
We have no alternative but to cancel the entire itinerary.

Step 2 Situation Dialog

A Mr. Thomson had a car accident this morning on his way to the office.

B I know. I hope he is not hurt badly. What should we do about the meeting today?

A **We have no alternative but to** cancel it. I don't think any meeting should proceed without him.

A 톰슨 씨가 오늘 아침 출근 길에 교통사고를 당했어요.
B 알고 있어요. 그가 많이 다치지 않기를 바래요. 오늘 회의는 어떻게 해야 할까요?
A 취소하는 것 외에는 다른 대안이 없어요. 그가 없으면 어떤 회의도 진행할 수가 없어요.

Step 3 Exercise

a. 우리는 다른 공급업체를 찾는 것 외에는 다른 대안이 없습니다.

_____

b. 우리는 그 합의서에 서명을 하는 것 외에는 다른 대안이 없습니다.

_____

Unit 11. 제안 및 타협 121

Unit Exercise

다음 문장을 영어로 표현하시오.

1. 나는 당신이 그에게 즉시 연락할 것을 제안합니다.

2. 만약 당신이 만족하지 않는다면 전액 환불을 해줄 수 있습니다. (a full refund)

3. 우리는 우리의 계획을 수정하는 것을 고려 중입니다.

4. 우리는 그 요청된 작업을 수행하는 일에 기꺼이 당신을 돕겠습니다.
   (perform the requested operation)

5. 우리는 새 보안 시스템을 설치하는 것을 찬성합니다. (the new security system)

6. 우리는 그 가능성을 인정하는 것 외에는 다른 대안이 없습니다. (acknowledge)

Unit 12.
사업 및 제품 문의

079 We are interested in your products.
우리는 귀사의 제품에 관심이 있습니다.

080 We are now looking for a new supplier.
우리는 현재 새로운 납품업체를 찾고 있습니다.

081 Can you supply office furniture?
사무용 가구를 공급해주실 수 있나요?

082 What kind of products does your company sell?
귀사는 어떤 종류의 제품을 판매합니까?

083 We'd like to get information on your company.
우리는 귀사에 대한 정보를 얻고 싶습니다.

084 Please let me know if you have these items in stock.
이 품목들의 재고가 있는지 알려주세요.

085 Please explain the details of your business plan.
귀하의 사업 계획에 대한 세부사항을 설명해주세요.

086 Please send us further details of your products.
귀하의 제품에 대한 좀 더 상세한 사항을 우리에게 보내주십시오.

Pattern 079 We are interested in~

우리는 ~에 관심이 있습니다

회사, 제품 또는 사업 분야에 에 관심을 나타내는 표현이다. 제품의 공급이나 판매 또는 투자 기회 등에 관해 문의할 때, 말문을 여는 표현으로 적합하다.

Step 1 Basic Pattern

우리는 귀사의 제품에 관심이 있습니다.
We are interested in your products.

우리는 귀하의 사업 제안에 관심이 있습니다.
We are interested in your business proposal.

우리는 귀하의 새 소프트웨어 프로그램에 관심이 있습니다.
We are interested in your new software program.

우리는 석유 사업 투자에 관심이 있습니다.
We are interested in investing in the oil industry.

우리는 귀사와의 동업에 관심이 있습니다.
We are interested in working in partnership with your corporation.

Step 2 Situation Dialog

A **We are interested in** your products and would like to offer our sales services as your agent.
B Thank you for your inquiry regarding the sales of our products. We will send you detailed information on our product lines.

A 우리는 귀사의 제품에 관심이 있으며 귀사의 중개상으로서 판매 서비스를 제공하고 싶습니다.
B 우리 회사 제품의 판매에 관한 문의에 감사 드립니다. 우리 제품 라인에 관한 상세 정보를 보내드리겠습니다.

Step 3 Exercise

a. 우리는 귀사와 함께 사업을 하는 데 관심이 있습니다. (do business)

___

b. 우리는 귀사의 제품을 아시아 시장에 유통시키는 일에 관심이 있습니다. (distribute)

___

Pattern 080: We are looking for~

우리는 ~을 찾고 있습니다

상품, 공급처 또는 투자처 등을 찾고 있음을 나타내는 표현이다. 시간을 나타내는 부사 now, currently, presently 또는 at the moment 등의 표현을 함께 사용할 수 있다.

Step 1 Basic Pattern

우리는 현재 새로운 납품업체를 찾고 있습니다.
We are now looking for a new supplier.

우리는 인도의 투자자나 동업자를 찾고 있습니다.
We are looking for investors or partners from India.

우리는 전자 부품 공급업체를 찾고 있습니다.
We are looking for an electronic components supplier.

우리는 중국에 있는 믿을 수 있는 도매 공급업체를 찾고 있습니다.
We are currently looking for a reliable wholesale supplier in China.

우리는 사무용 비품 공급을 전문으로 하는 회사를 찾고 있습니다.
We are looking for a company specializing in supplying office equipment.

Step 2 Situation Dialog

A **We are currently looking for** distributors for our products in the domestic market.
B What kind of products does your company manufacture?

A 우리는 현재 우리 회사 제품을 국내 시장에 유통시킬 업체를 찾고 있습니다.
B 귀사는 어떤 종류의 제품을 생산하고 있나요?

Step 3 Exercise

a. 우리는 중동에 투자 기회를 찾고 있습니다.
_____

b. 우리는 평판이 좋은 가구 제조업체를 찾고 있습니다. (with a good reputation)
_____

Can you supply~? / Can you supply us with~?

~을 공급해주실 수 있나요?

공급업체에게 필요한 물품이나 재료를 공급해줄 수 있는지 문의하는 표현이다. 동사는 supply 대신 provide를 사용할 수 있다.

Step 1 Basic Pattern

사무용 가구를 공급해주실 수 있나요?
Can you supply office furniture?

포장용 재료를 공급해주실 수 있나요?
Can you supply packing materials?

컴퓨터 장비를 공급해주실 수 있나요?
Can you supply computer equipment?

건축용 목재를 우리에게 공급해주실 수 있나요?
Can you supply us with wood for building?

유제품을 매일 우리에게 공급해주실 수 있나요?
Can you supply us with dairy products every day?

Step 2 Situation Dialog

A **I wonder if you can supply** construction equipment.
B Please tell me what kinds of equipment you need.

A 귀하께서 건설 장비를 공급해주실 수 있는지 알고 싶습니다.
B 어떤 종류의 장비가 필요하신지 알려주세요.

Step 3 Exercise

a. 농작물을 우리에게 제공하실 수 있습니까?
　_____

b. 화장품을 도매 가격으로 우리에게 제공하실 수 있습니까?
　_____

What kind of products~?

어떤 종류의 제품을~?

대화의 상대방에게 어떤 상품을 취급하는지 또는 어떤 서비스를 제공하는지 문의하는 표현이다.

Step 1 Basic Pattern

귀사는 어떤 종류의 제품을 판매합니까?
What kind of products does your company sell?

귀사는 어떤 종류의 서비스를 제공합니까?
What kind of services does your company provide?

귀사는 어떤 종류의 제품을 수입합니까?
What kind of products does your company import?

귀사는 어떤 종류의 상품을 전문으로 합니까?
What kind of merchandise does your company specialize in?

귀사는 어떤 유형의 사무실 장비를 공급합니까?
What type of office equipment does your company supply?

Step 2 Situation Dialog

A   **What kind of products** does your company deal in?
B   We mainly supply mobile phone accessories.

A   귀사는 어떤 종류의 제품을 취급합니까?
B   우리 회사는 주로 휴대폰 액세서리를 공급합니다.

Step 3 Exercise

a. 귀사는 어떤 종류의 고객들과 함께 일합니까? (what sort of client)

_____

b. 귀사는 어떤 종류의 콘텐츠를 만듭니까? (what kind of content)

_____

Pattern 083

We'd like to get information on~

~에 대한 정보를 얻고 싶습니다

회사 또는 제품에 대한 정보를 구하고자 하는 표현이다.

Step 1 Basic Pattern

우리는 귀사에 대한 정보를 얻고 싶습니다.
We'd like to get information on your company.

우리는 귀사의 신제품에 대한 정보를 좀 더 얻고 싶습니다.
We'd like to get more information on your new products.

우리는 귀사의 최신 모델에 대한 세부 정보를 얻고 싶습니다.
We'd like to get detailed information on your latest models.

우리는 귀사의 제품과 서비스에 대한 세부 정보를 얻고 싶습니다.
We'd like to get detailed information on your products and services.

우리는 지난 주 귀사가 출시한 신모델에 대한 더 많은 정보를 얻고 싶습니다.
We'd like to get further information on the new model you launched last week.

Step 2 Situation Dialog

A **We'd like to get further information on** your latest models including its specifications and availability.
B Thank you for your enquiry. I will send you our latest catalog and price list.

A 우리는 품질 규격과 구매 가능성을 포함한 귀사의 신제품들에 대한 더 많은 정보를 얻고 싶습니다.
B 문의해주셔서 감사합니다. 저희가 보유한 최신 카탈로그와 가격 목록을 귀하께 보내드리겠습니다.

Step 3 Exercise

a. 우리는 귀사의 식품과 음료 제품에 대한 상세 정보를 얻고 싶습니다. (food and drink products)

b. 우리는 귀사가 제공하고자 하는 프렌차이즈 프로그램에 대한 상세 정보를 얻고 싶습니다. (franchise program)

Pattern 084: Please let me know if ~ in stock

~의 재고가 있는지 알려주세요

재고 여부 또는 구입 가능성에 관해 질문하는 표현이다. '재고가 있는지'를 나타내는 표현은 if 대신 whether를 그리고 in stock 대신 available을 사용할 수 있다. I want to know whether you have this model available. '이 모델의 재고가 있는지 알고 싶습니다.' 개수가 얼마나 남아 있는지 알고자 할 때는 how many를 사용한다.

Step 1 Basic Pattern

이 모델의 재고가 있는지 알려주세요.
Please let me know if you have this model **in stock**.

이 품목들의 재고가 있는지 알려주세요.
Please let me know if you have these items **in stock**.

여성용 구두 라지 사이즈 재고가 있는지 알려주세요.
Please let me know whether you have large size ladies' shoes **in stock**.

커피 메이커의 재고가 얼마나 있는지 알려주세요.
Please let me know how many coffee makers you have **in stock**.

노트북 컴퓨터의 재고가 얼마나 있는지 알려주세요.
Please let me know how many laptop computers you have **in stock**.

Step 2 Situation Dialog

A **Please let me know how many** of these items you have **in stock**.

B We do not have any left at the moment, but we are expecting to get them from our supplier in a few days.

A 이 품목의 재고를 얼마나 보유하고 있는지 알려주세요.
B 지금은 남아있는 것이 없습니다. 하지만 며칠 내로 저희 공급업체로부터 보내질 것으로 예상합니다.

Step 3 Exercise

a. 최신형 LG 스마트폰의 재고가 있는지 알려주세요.

b. 최신형 애플 아이폰의 재고가 얼마나 있는지 알려주세요.

Please explain the details of~

~에 대한 세부사항을 설명해주세요

회사, 제품 또는 사업 분야에 관심을 나타내는 표현이다. 제품의 공급이나 판매 또는 투자 기회 등에 관해 문의할 때, 말문을 여는 표현으로 적합하다.

Step 1 Basic Pattern

귀하의 사업 계획에 대한 세부사항을 설명해주세요.
Please explain the details of your business plan.

귀하의 건설 프로젝트에 관한 세부사항을 설명해주세요.
Please explain the details of your construction project.

공동 투자 프로젝트에 관한 세부사항을 설명해주세요.
Please explain the details of the joint investment project.

우리가 논의하고자 하는 제휴 계약에 관한 세부사항을 설명해주세요.
Please explain the details of the partnership agreement we are going to discuss.

향후 5년 동안의 귀사의 투자 계획에 관한 세부사항을 설명해주세요.
Please explain the details of your company's investment plans in the next 5 years.

Step 2 Situation Dialog

A **Can you explain the details of** the development plans?
B I am sorry but we have not determined some details yet, which will be resolved at the next meeting.

A 그 개발 계획에 대한 세부사항을 설명해주실 수 있나요?
B 죄송하지만 우리는 아직 몇 가지 사항을 결정하지 못했습니다. 그 사항들은 다음 회의에서 결정될 것입니다.

Step 3 Exercise

a. 진행중인 귀하의 투자 프로그램에 관한 세부사항을 설명해주세요. (on track)

_____

b. 그 거래에서 우리가 얻을 수 있는 혜택에 관한 세부사항을 설명해주세요.

_____

Pattern 086

Please send us~

~를 보내주십시오

제품 목록이나 가격에 관한 정보를 알 수 있는 책자를 요청하는 표현이다.

Step 1 Basic Pattern

가격 목록을 제게 보내주십시오.
Please send us your price list.

귀하의 제품에 대한 좀 더 상세한 사항을 우리에게 보내주십시오.
Please send us further details of your products.

귀하의 최신 카탈로그와 가격 목록을 우리에게 보내주십시오.
Please send us your latest catalog and price list.

다음 제품들에 대한 가격 견적을 우리에게 보내주십시오.
Please send us a price quotation for the following products.

다음 모델들에 대한 견적을 우리에게 보내주시면 고맙겠습니다.
We would be grateful if **you could send us** a quote for the following models.

Step 2 Situation Dialog

A **Can you send me** a brochure of your electrical products, along with any other information that I need to know?
B Sure, please let me know your name and address.

A 귀하의 전자제품의 브로셔를 보내주실 수 있나요? 제가 알아야 할 필요가 있는 다른 정보들과 함께 말입니다.
B 물론입니다. 귀하의 성명과 주소를 제게 알려주세요.

Step 3 Exercise

a. 귀하가 확보하고 있는 새 휴대폰들의 가격 목록을 우리에게 보내주세요. (you have in stock)

b. 귀하의 카탈로그와 현재 가격 목록의 복사본을 우리에게 보내주실 수 있습니까? (a hard copy)

Unit Exercise

다음 문장을 영어로 표현하시오.

1. 우리는 귀사의 제품을 국내 시장에 판매하는 일에 관심이 있습니다.
   (the domestic market)

2. 우리는 현재 더 낮은 가격을 제시하는 새로운 납품업체를 찾고 있습니다.

3. 우리에게 가전 제품을 공급하실 수 있습니까?

4. 귀사는 어떤 유형의 사업에 관여하고 있습니까? (involve in)

5. 우리는 귀하의 회사의 핵심 제품과 서비스 라인에 대한 상세 정보를 얻고 싶습니다. (core product and service lines)

6. 최신형 삼성 휴대폰의 재고가 있는지 알려주세요.

7. 귀하께서 제공할 수 있는 소프트웨어 제품과 서비스에 관한 세부사항을 설명해 주세요.

8. 다음 제품들에 대한 견적을 제게 보내주시면 감사하겠습니다. (a quote for)

Unit 13.
회사 및 제품 소개

087 **We are based in Washington D.C.**
저희 회사는 워싱턴 시에 소재하고 있습니다.

088 **We specialize in manufacturing home appliances.**
저희 회사는 가전제품 제조를 전문으로 합니다.

089 **Our target market is young and middle-aged professionals.**
저희의 목표 시장은 청년층 및 중년층 전문직 종사자입니다.

090 **The product will be released early next year.**
그 제품은 내년 초에 출시될 것입니다.

091 **We have launched fifteen new models this year.**
우리는 올해 15가지의 신모델을 출시했습니다.

092 **This product is designed exclusively for outdoor use.**
이 제품은 옥외용으로만 사용하도록 설계되었습니다.

Pattern 087 We are based in~

• MP3 087

저희 회사는 ~에 소재하고 있습니다

회사나 회사의 본사(main office 또는 headquarter)가 소재하고 있는 장소를 알려주는 표현이다.

저희 회사는 런던 중심부에 소재하고 있습니다.
We are based in central London.

저희 회사는 워싱턴 시에 소재하고 있습니다.
We are based in Washington D.C.

저희 회사는 베이징에 소재하며, 350명의 직원을 고용하고 있습니다.
We are based in Beijing and employ 350 professional staff.

저희 회사는 서울, 동경 그리고 보스턴에 소재하며, 국제 무역에 종사합니다.
We are based in Seoul, Tokyo, and Boston and are engaged in international trade.

저희 회사는 두바이에 소재하며 석유 및 가스 정유 산업에 종사합니다.
Our company is based in Dubai and is engaged in the oil and gas refining industry.

A Where is your company located?
B **We are based in** Seoul.
A 회사의 위치가 어떻게 됩니까?
B 저희 회사는 서울에 소재합니다.

a. 저희 회사는 파리와 암스테르담에 소재합니다.

b. 저희 회사는 로스앤젤레스에 소재하며 100명 이상의 직원을 두고 있습니다.

Pattern 088

We specialize in~ / We are a company specializing in~

저희 회사는 ~을 전문으로 합니다

회사의 주업무 또는 전문 분야가 무엇인지 설명하는 표현이다.

Step 1 Basic Pattern

저희 회사는 고급 가구를 전문으로 합니다.
We specialize in high quality furniture.

저희 회사는 가전 제품 제조를 전문으로 합니다.
We specialize in manufacturing home appliances.

저희 회사는 대형 보관용 상자 제조를 전문으로 합니다.
We specialize in manufacturing large size storage boxes.

저희는 전국적으로 산악용 자전거 공급을 전문으로 하는 회사입니다.
We are a company specializing in supplying mountain bikes nationwide.

저희는 휴가 및 비즈니스 여행자들을 위해 호텔 예약을 해주는 일을 전문으로 하는 회사입니다.
We are a company specializing in hotel bookings for leisure and business travelers.

Step 2 Situation Dialog

A   What does your company do?
B   **We specialize in** manufacturing all types of kitchen appliances.

A   당신 회사는 무슨 일을 하나요?
B   저희 회사는 모든 종류의 주방 용품을 제조하는 일을 전문으로 합니다.

Step 3 Exercise

a. 저희 회사는 어린이 장난감을 경쟁력 있는 가격으로 제공하는 일을 전문으로 합니다.
   (at competitive prices)

b. _____
   저희 회사는 다양한 고급 포도주를 수입하는 일을 전문으로 합니다. (a wide range of)

   _____

The target market is~

• MP3 089

목표 시장은 ~입니다

목표시장(target market)이란 기업이 시장을 구매자의 취미, 기호, 연령, 소득 등으로 분류하여, 특정 제품의 판매 대상으로 설정한 고객군을 의미한다. 문장의 주어는 The target market, Our target market 또는 The target market for this item 등으로 표현할 수 있다.

Step 1 Basic Pattern

목표 시장은 십대 청소년들입니다.
The target market is teenagers.

저희의 목표 시장은 청년층 및 중년층 전문직 종사자입니다.
Our target market is young and middle-aged professionals.

저희의 목표 시장은 주로 야외 활동을 즐기는 젊은 층의 사람들입니다.
Our target market is primarily young people who enjoy outdoor activities.

이 제품의 목표 시장은 중소형 규모의 건설 회사입니다.
The target market for this item is small and medium sized construction companies.

이 제품의 목표 시장은 주로 업무상의 여행을 자주 하는 사람들입니다.
The target market for this product is primarily those who travel frequently on business.

Step 2 Situation Dialog

A Who is your target market?
B **Our target market is** female professionals, aged 30 to 45.

A 당신 회사의 목표 시장은 누구입니까?
B 저희의 목표 시장은 30세에서 45세 사이의 여성 전문직 종사자입니다.

Step 3 Exercise

a. 저희의 목표 시장은 젊은 주부층입니다.

_____

b. 이 제품의 주 목표 시장은 어린 자녀들이 있는 가정입니다.

_____

136 비즈니스 영어회화 핵심 패턴

Pattern 090 It will be released~

~에 출시될 것입니다

신제품을 출시할 예정임을 알려주는 표현이다. '출시하다'는 release 외에도 launch나 introduce로 나타낼 수 있다.

Step 1 Basic Pattern

그 제품은 내년 초에 출시될 것입니다.
The product will be released early next year.

다음 제품들은 이번 달 말에 출시될 것입니다.
The following items will be released later this month.

저희 회사의 신모델은 올해 말에 출시될 것입니다.
Our new model will be released by the end of this year.

새 소프트웨어는 늦어도 9월에 출시될 계획입니다.
The new software is planned for release in September, at the latest.

저희는 품질이 향상된 모델이 내년 쯤엔 출시될 것으로 예상합니다.
We expect that **an improved model will be released** sometime next year.

Step 2 Situation Dialog

A Do you know when the new iPhone is coming out?
B We anticipate that **it will be released** next month.

A 새 아이폰이 언제 나오는지 아세요?
B 다음 달에 출시될 것으로 예상합니다.

Step 3 Exercise

a. 새 아이폰은 12월에 출시될 계획입니다. (is planned for)

___

b. 저희는 신제품이 5월에 출시될 것으로 예상합니다. (anticipate)

___

Unit 13. 회사 및 제품 소개 **137**

Pattern 091

We have launched~

• MP3 091

~을 출시했습니다

신제품을 출시했음을 알리는 표현이다. Pattern 90에서 연습한 release와 마찬가지로 launch도 '출시하다'라는 의미를 나타내는 동사이다. We have released~, We have launched~, We have introduced~ 모두 같은 의미로 사용된다.

Step 1 Basic Pattern

우리는 새로운 서비스를 출시했습니다.
We have launched new services.

우리는 새로운 프로그램을 출시했습니다.
We have launched a new program.

우리는 올해 15가지의 신모델을 출시했습니다.
We have launched fifteen new models this year.

우리는 새로운 금융 상품과 서비스를 출시했습니다.
We have launched new financial products and services.

우리는 미국 시장에 몇 가지 새로운 스포츠 유틸리티 차량을 출시했습니다.
We have launched a few new SUVs into the U.S. market.

Step 2 Situation Dialog

A I heard **your company released** three new models last month.
B Yes, we did and they are being well received by consumers.

A 지난 달 당신 회사에서 신모델을 3가지 출시했다고 들었어요.
B 네, 그랬습니다. 그리고 그 신제품들은 소비자들로부터 좋은 반응을 얻고 있습니다.

Step 3 Exercise

a. 우리는 지난 주 몇 가지 신모델을 출시했습니다.
   _____

b. 우리는 아시아 시장에 새로운 제품 라인을 출시했습니다. (new product lines)
   _____

138 비즈니스 영어회화 핵심 패턴

Pattern 092: This product is designed to~

◦ MP3 092 ◦

이 제품은 ~하도록 설계되었습니다

출시한 제품의 용도나 기능이 무엇인지, 또는 대상이 누구인지 설명하는 표현이다. 기능이나 목적을 의미하는 function이나 purpose 등의 단어를 별도로 사용하지 않더라도 ~is designed to~ 또는 ~is designed for~ 구문만으로 그 의미를 명확하게 나타낼 수 있다.

Step 1 Basic Pattern

이 제품은 일회용으로 설계되었습니다.
This product is designed for single use.

이 제품은 옥외용으로만 사용하도록 설계되었습니다.
This product is designed exclusively **for** outdoor use.

이 제품은 태양으로부터 당신의 피부를 보호하도록 고안되었습니다.
This product is designed to protect your skin from the sun.

이 장난감들은 12세 이하의 어린이들이 사용할 수 있도록 고안되었습니다.
These toys are designed for children under twelve years of age.

이 새로운 소프트웨어 프로그램은 전문 웹 디자이너를 위해 설계되었습니다.
This new software program is designed for professional web designers.

Step 2 Situation Dialog

A What is the function of this product?
B **It is designed to** prevent heat loss.

A 이 제품의 기능은 무엇입니까?
B 그것은 열 손실을 막기 위해 설계된 것입니다.

Step 3 Exercise

a. 이 제품은 무거운 가구를 쉽게 옮길 수 있게 설계된 것입니다.
_____

b. 이 제품은 다양한 고객들을 만족시킬 수 있게 설계된 것입니다.
_____

Unit Exercise

다음 문장을 영어로 표현하시오.

1. 저희 회사는 뉴욕에 소재하며 국제 무역에 종사합니다.

2. 저희 회사는 신선한 과일과 채소를 수입하고 분배하는 일을 전문으로 합니다.
   (distribute)

3. 저희의 목표 고객은 의사 및 다른 의료계 종사자들입니다.
   (health care professionals)

4. 신제품은 늦어도 이달 말에는 출시될 것입니다.

5. 우리는 유럽 시장에 새로운 제품과 서비스를 출시했습니다.

6. 이 제품은 실내와 실외 공용으로 설계된 것입니다.

Unit 14.
보증 및 서비스

093 What is the warranty period for this product?
이 제품에 대한 보증 기간은 얼마인가요?

094 It comes with a free gift coupon.
무료 선물 쿠폰이 제공됩니다.

095 We guarantee the lowest price.
우리는 최저 가격을 보장합니다.

096 The warranty covers all parts and labor.
보증은 모든 부품과 인건비가 포함됩니다.

097 The warranty applies to every product we make.
이 보증은 우리가 제조하는 모든 제품에 적용됩니다.

098 We provide our customers with the quality they can trust.
우리는 고객들에게 믿을 수 있는 품질을 제공합니다.

What is the warranty period for~? / What warranty do you offer on~?

• MP3 093

~에 대한 보증 기간은 얼마인가요? / ~에 대해 어떤 보증을 제공하나요?

제품이나 서비스에 대한 보증 기간과 종류에 관해 질문하는 표현이다. 보증은 guarantee 또는 warranty로 나타낸다.

Step 1 Basic Pattern

이 제품에 대한 보증 기간은 얼마인가요?
What is the warranty period for this product?

이 전기 오븐에 대한 보증 기간은 얼마인가요?
What is the warranty period for this electric oven?

당신의 서비스에 대해 어떤 보증을 제공하나요?
What warranty do you offer on your service?

그 수리 작업에 대해 어떤 보증을 제공하나요?
What warranty do you offer on the repair work?

귀사의 제품에 대해 어떤 보증을 제공하나요?
What guarantee do you offer on your products?

Step 2 Situation Dialog

A **What is the warranty period for** this monitor?
B It comes with a one year manufacturer warranty.

A 이 모니터에 대한 보증 기간은 얼마인가요?
B 제조사가 1년 동안 품질을 보증합니다.

Step 3 Exercise

a. 이 냉장고의 보증 기간은 얼마인가요?

_____

b. 귀사의 차에 대해 어떤 보증을 제공하나요?

_____

Pattern 094: It comes with~

~이 제공됩니다

어떤 제품을 구입했을 때 그 제품과 함께 제공되는 다른 물품이나 서비스가 있음을 알려주는 표현이다.

Step 1 Basic Pattern

배송료는 무료입니다.
It comes with free delivery.

무료 선물 쿠폰이 제공됩니다.
It comes with a free gift coupon.

사용 설명서가 제공됩니다.
It comes with an instruction manual.

12개월 보증이 제공됩니다.
It comes with a twelve month warranty.

저희 회사의 모든 제품은 2년 동안 부품과 수리가 보장됩니다.
All our products come with a two year warranty on parts and labor.

Step 2 Situation Dialog

A   What warranty do you offer on this car?
B   **It comes with** a three year comprehensive warranty on parts and labor.

A   이 차에 대해 어떤 보증을 제공하나요?
B   3년 동안 부품과 수리에 대한 보증이 제공됩니다.

Step 3 Exercise

a. 평생 기술 지원이 제공됩니다. (lifetime technical support)

_____

b. 저희 상점에서 판매되는 모든 컴퓨터는 바이러스 백신 패키지가 제공됩니다.
   (an antivirus package)

_____

We guarantee~ / We can guarantee~

~을 보장합니다

제품에 대한 보증 기간이나 종류 외에도, 가격이나 배송 또는 그 외 제공되는 기타 서비스에 관해 약속할 때 사용할 수 있는 표현이다.

Step 1 Basic Pattern

우리는 최저 가격을 보장합니다.
We guarantee the lowest price.

우리는 다음 날 정오 전까지 배송을 보장합니다.
We guarantee delivery before noon the next working day.

우리는 귀하의 주문을 2일 이내에 배송할 것을 보장합니다.
We can guarantee that your order will be sent out within two days.

우리는 그 작업을 다음 주 화요일까지 완료할 것을 보장합니다.
We guarantee that we will be able to get the job done by next Tuesday.

우리는 이 제품이 구입 일로부터 1년 동안 결함이 없다는 것을 보증합니다.
We guarantee this product to be free of defects for one year from the date of purchase.

Step 2 Situation Dialog

A What warranty do you offer on your work?
B **We can guarantee** friendly personal service at the best possible price.

A 귀하의 작업에 대해 어떤 보증을 하나요?
B 저희는 가능한 최저 가격으로 친절한 서비스를 보장해드립니다.

Step 3 Exercise

a. 우리는 이 정보가 정확하다는 것을 보장합니다.
_____

b. 우리는 귀하의 개인 정보에 대해 철저히 비밀로 유지할 것을 보장합니다. (total confidentiality)
_____

Pattern 096

The warranty covers~ / The warranty does not cover~

MP3 096

보증은 ~이 포함됩니다 / 보증은 ~는 포함되지 않습니다

보험의 적용 범위에 대해 설명하는 표현으로 상황에 따라 '포함되다' 또는 '적용되다'로 해석할 수 있다.

Step 1 Basic Pattern

보증은 모든 부품과 인건비가 포함됩니다.
The warranty covers all parts and labor.

이 보증은 제조상의 결함인 경우에만 적용됩니다.
This warranty covers only manufacturing defects.

이 보증은 부품과 인건비를 포함한 모든 수리 비용이 포함됩니다.
This warranty covers the full cost of repair including parts and labor.

우리 회사의 보증은 사용을 잘못해서 발생한 손상은 포함되지 않습니다.
Our warranty does not cover damage resulting from misuse.

이 보증은 소비자에 의해 발생한 손상은 포함되지 않습니다.
This warranty does not cover damages caused by the customer.

Step 2 Situation Dialog

A   What warranty do you offer?
B   **Our warranty will cover** any damages or malfunctions that may occur during the first 2 years.

A   어떤 보증을 제공하나요?
B   저희 회사의 보증은 첫 2년 동안 발생한 모든 손상이나 기능상의 결함이 포함됩니다.

Step 3 Exercise

a. 이 보증은 보증 기간 동안의 모든 부품과 인건비가 포함됩니다.

___

b. 이 보증은 재료비가 포함됩니다. 하지만 인건비는 당신이 지불해야 합니다.

___

Unit 14. 보증 및 서비스   **145**

The warranty applies to~ / The warranty does not apply to~

보증은 ~에 적용됩니다 / 보증은 ~에는 적용되지 않습니다

보험이나 보증의 적용 대상에 관해 설명하는 표현이다. '~에 적용되다'는 의미로 동사구 apply to를 기본형태로 나타낸다.

Step 1 Basic Pattern

이 보증은 우리가 제조하는 모든 제품에 적용됩니다.
The warranty applies to every product we make.

이 보증은 최초 구매자에게만 적용됩니다.
The warranty applies only to the original purchaser.

이 보증은 구매 영수증 원본이 있을 때만 적용됩니다.
The warranty only applies if an original proof of purchase can be furnished.

이 보증은 부주의에 의한 피해에는 적용되지 않습니다.
This warranty will not apply to damage caused by negligence.

이 보증은 사고나 오용 또는 남용으로 인해 발생한 피해에는 적용되지 않습니다.
This warranty will not apply to damages resulting from accident, misuse, or abuse.

Step 2 Situation Dialog

A   What types of warranty do you offer on this product?
B   **The warranty applies only to** the first owner of the product, and a copy of the original sales receipt should be furnished.

A   이 제품에는 어떤 종류의 보증을 제공합니까?
B   보증은 제품의 최초 소유자에게만 적용되며, 구매 영수증을 제시해야 합니다.

Step 3 Exercise

a. 이 보증은 이 제품의 최초 소유자에게만 적용됩니다.
_____

b. 이 보증은 타인에게 양도할 수 없으며 최초 구매자에게만 적용됩니다.
_____

Pattern 098 We provide~

~을 제공합니다

고객 또는 제품의 구매자에게 제공하는 서비스나 혜택에 대해 설명하는 표현이다. 부정사구 be committed to~, strive to ~ 또는 aim to~ 등의 표현을 이용하여 '~을 위해 노력한다'거나 또는 '~를 목적으로 한다'는 의미를 첨가할 수 있다.

Step 1 Basic Pattern

우리는 고객들에게 특별한 지원을 제공합니다.
We provide exceptional support to our customers.

우리는 고객들에게 믿을 수 있는 품질을 제공합니다.
We provide our customers with the quality they can trust.

우리는 고객들에게 가능한 최상의 서비스를 제공합니다.
We strive to provide our customers with the best possible service.

우리는 고객들에게 탁월한 서비스를 제공하기 위해 노력하고 있습니다.
We are committed to providing excellent service to our customers.

우리는 고객들의 기대에 부응하는 제품과 서비스를 제공하는 것을 목표로 합니다.
We aim to provide our customers with products and services that meet their expectations.

Step 2 Situation Dialog

A What is your company motto?
B **We aim to provide** our consumers with safe and reliable products and services.

A 당신 회사의 좌우명은 무엇인가요?
B 우리는 고객들에게 안전하고 믿을 수 있는 제품과 서비스를 제공하는 것을 목표로 합니다.

Step 3 Exercise

a. 우리는 고객들에게 항상 최상의 품질을 제공하기 위해 애쓰고 있습니다.
 (strive / the highest quality)

___

b. 우리는 고객들에게 가장 믿을 수 있는 제품을 제공하기 위해 노력하고 있습니다.
 (the most reliable products)

___

Unit Exercise

다음 문장을 영어로 표현하시오.

1. 이 세탁기에 대해 어떤 보증을 제공하나요?

2. 저희 회사의 태양 전지판은 제조회사의 25년 보증이 제공됩니다. (solar panels)

3. 우리는 항상 고품질의 상품과 질 높은 고객 서비스를 보장합니다.
   (high quality products / high levels of customer service)

4. 이 보증은 부적절한 사용이나 관리로 인해 발생한 결함은 포함되지 않습니다.
   (improper use or maintenance)

5. 이 보증은 구매 영수증을 소유한 최초 구매자에게 적용됩니다.
   (with a copy of the original sales receipt)

6. 우리는 항상 고객들에게 최상의 품질의 서비스를 제공하는 것을 목표로 합니다.
   (the highest quality services)

Unit 15.
가격 협상

099 What is your price range?
가격대가 어떻게 되나요?

100 We offer a discount on a quantity purchased.
우리는 대량 구매에 대해 할인 혜택을 드립니다.

101 Can you reduce the price by 10%?
가격을 10% 낮출 수 있나요?

102 We will reduce the price by 10%.
우리는 가격을 10% 할인하겠습니다.

103 This is the best price we can offer.
이 가격은 우리가 제공할 수 있는 가장 낮은 금액입니다.

104 Can I pay for this computer in installments?
이 컴퓨터에 대해 할부로 지불해도 되나요?

105 There is a fee for canceling your reservation.
예약을 취소하시려면 수수료가 있습니다.

106 Payment is due on January 25th.
결제는 1월 25일에 해야 합니다

What is the price of~?

~은 얼마입니까?

구매하고자 하는 제품이나 서비스에 대한 가격을 문의하는 표현이다.

Step 1 Basic Pattern

가격대가 어떻게 되나요?
What is your price range?

이 복사기의 가격은 얼마인가요?
What is the price of this copier?

석유 1배럴은 가격이 얼마인가요?
What is the price for a barrel of oil?

이 품목의 개당 가격은 얼마인가요?
What is the price for this item per unit?

이 제품의 도매 가격은 얼마인가요?
What is the wholesale price for this product?

Step 2 Situation Dialog

A **What is your price for** this desk lamp?
B We sell it for 12 dollars each, but we can reduce the price a bit, if you buy in bulk.

A 이 탁상용 스탠드의 가격은 얼마인가요?
B 개당 판매 가격은 12달러입니다. 하지만 대량으로 구입하시면 가격을 조금 낮출 수 있습니다.

Step 3 Exercise

a. 이 단말기의 가격대는 얼마입니까? (workstation)

b. 중국에서는 쌀이 kg당 얼마인가요? (per kilogram)

Pattern 100

We offer a discount~

○ MP3 100 ○

~할인 혜택을 드립니다

판매 가격을 할인해준다는 표현이다. 가격 할인 외에도 프로모션이나 상품권(voucher) 또는 할인 쿠폰 (coupon) 등을 제공할 때도 동사 offer를 사용할 수 있다.

Step 1 Basic Pattern

우리는 대량 구매에 대해 할인 혜택을 드립니다.
We offer a discount on a quantity purchased.

우리는 모든 전자 제품에 대해 20% 할인 혜택을 드립니다.
We offer a 20% discount on all electrical appliances.

우리는 100개 이상 구매하는 품목에 대해 5% 할인 혜택을 드립니다.
We offer a 5% discount on items purchased in quantities of 100 or more.

우리는 귀하께서 다음에 구매하실 때 10% 할인 혜택을 드리는 할인 쿠폰을 제공합니다.
We offer discount coupons that entitle you to 10% off your next purchase.

우리는 여름 할인 기간 동안 정가에서 25% 할인 혜택을 드립니다.
We offer a 25% discount on the listed price during the summer sales period.

Step 2 Situation Dialog

A Can you reduce your price a little?
B **We offer a 2% discount** on the total invoice amount if payment is made within 10 days.

A 가격을 조금 할인해 주실 수 있나요?
B 우리는 귀하께서 10일 이내에 대금 결제를 해주시면 전체 인보이스 금액에서 2% 할인 혜택을 드립니다.

Step 3 Exercise

a. 우리는 모든 스포츠 의류에 대해 10% 할인 혜택을 드립니다.

_____

b. 우리는 일부 제품에 대해 50%까지 할인 혜택을 드립니다. (selected items)

_____

Can you reduce the price~? / Can you bring the price down~?

~가격을 낮출 수 있나요?

구매자가 판매자에게 가격 할인 가능성 여부를 묻는 표현이다. '가격을 할인하다'는 reduce the price 외에 bring the price down, cut the price 또는 drop the price 등으로 표현할 수 있다.

Step 1 Basic Pattern

가격을 조금 낮출 수 있나요?
Can you reduce your price a little?

가격을 약간 낮출 수 있나요?
Can you bring the price down a bit?

가격을 10% 낮출 수 있나요?
Can you reduce the price by 10%?

개당 가격을 35달러까지 낮출 수 있나요?
Can you reduce the price to $35 per item?

이 냉장고 가격을 450달러까지 낮출 수 있나요?
Can you reduce the price of this fridge to $450?

Step 2 Situation Dialog

A **Can you reduce your asking price** a bit, if I buy in bulk?
B We can offer a 5% discount if you buy 100 pieces or more.

A 대량 구입을 하면 귀하의 제시 가격을 약간 낮출 수 있나요?
B 만약 100개 이상 구매하시면 5% 할인 혜택을 드립니다.

Step 3 Exercise

a. 현재 가격을 5% 낮출 수 있나요?
_____

b. 귀하의 가격을 조금 더 낮출 수 있는지 궁금합니다. (I wonder if …)
_____

Pattern 102 · We will reduce~

~을 낮추겠습니다

• MP3 102 •

구매자에게 가격 할인을 제의하는 표현이다. 가격 외에 비용 또는 생산량을 줄이는 경우에도 사용할 수 있는 표현이다.

Step 1 Basic Pattern

우리는 연료비를 줄일 것입니다.
We will reduce the cost of fuel.

우리는 가격을 10% 할인하겠습니다.
We will reduce the price by 10%.

우리는 수수료를 7%까지 낮추겠습니다.
We will reduce our commission to 7%.

우리는 개당 가격을 25달러로 낮추겠습니다.
We will reduce the price to $25 per item.

우리는 생산량을 하루 5백만 배럴로 줄일 것입니다.
We will reduce our production to 5 million barrels per day.

Step 2 Situation Dialog

A How much can you reduce the price?
B **We are willing to reduce** the unit price by two dollars.

A 가격을 얼마까지 낮출 수 있나요?
B 저희는 기꺼이 개당 가격을 2달러 할인해드리겠습니다.

Step 3 Exercise

a. 우리는 거래 비용을 낮추겠습니다. (the transaction costs)

b. 우리는 일부 품목에 대한 가격을 낮추겠습니다. (selected items)

Pattern 103

This is the best price~ / We cannot offer ~any further

이 가격은 ~최저가입니다 / 우리는 더 이상 ~할 수 없습니다

가격이나 요금을 흥정할 때 금액을 더 이상 낮출 수 없음을 설명하는 표현이다. 제시하는 액수가 제공할 수 있는 '가장 낮은 가격'이라는 의미는 the best price 또는 the lowest price로 나타낸다.

Step 1 Basic Pattern

이 가격은 우리가 제공할 수 있는 가장 낮은 금액입니다.
This is the best price we can offer.

이 가격은 우리가 제공할 수 있는 가장 낮은 금액입니다.
This is the lowest price we can offer.

우리는 가격을 더 이상 낮출 수 없습니다.
We cannot reduce the price **any further**.

우리는 더 이상의 가격 할인을 제공할 수 없습니다.
We cannot offer a further price reduction.

우리의 가격은 우리 경쟁사들의 가격보다 훨씬 더 낮습니다.
Our prices are much lower than those of our competitors.

Step 2 Situation Dialog

A Can you bring the price down a bit further?
B I am sorry but we cannot reduce the price any more.
This is really our rock-bottom price.

A 가격을 조금 더 낮출 수 있나요?
B 죄송합니다만 우리는 더 이상 가격을 낮출 수 없습니다. 이 가격은 정말 우리가 제공할 수 있는 최저가입니다.

Step 3 Exercise

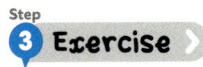

a. 이것은 이 지역에서 가능한 가장 저렴한 호텔 요금입니다.

_____

b. 저희의 가격은 현재 시장에서 우리 경쟁사들의 가격 보다 매우 낮습니다.
(our competitors / in the current market)

_____

Pattern 104: Can I pay~? / I'd like to pay~

~로 지불해도 될까요? / ~로 지불하고 싶습니다

• MP3 104 •

구매자가 판매자에게 지불 방법에 관해 묻는 질문이다. 비용이나 금액은 pay로, 물품이나 서비스는 pay for로 표현한다.
* pay (돈) : bill, invoice, fine, loan, rent, tax
* pay for (제품, 서비스) : ticket, meal, work, furniture, house, car

Step 1 Basic Pattern

요금을 신용카드로 지불해도 되나요?
Can I pay the bill by credit card?

이 컴퓨터에 대해 할부로 지불해도 되나요?
Can I pay for this computer in installments?

제가 구매한 것을 신용카드로 지불해도 되나요?
Can I pay for my purchases with a credit card?

건물 보수 공사에 대해 할부로 지불하고 싶습니다.
I'd like to pay for the building repair work in installments.

여행 비용 전액을 지금 당장 일시불로 지불하려 합니다.
I'd like to pay for all of the travel expenses in full right now.

Step 2 Situation Dialog

A How would you like to pay for your purchase?
B **I'd like to pay** for it with my debit card.

A 구매하신 물품을 어떻게 결제하시겠습니까?
B 직불카드로 결제하고 싶습니다.

Step 3 Exercise

a. 이 산악용 자전거를 신용카드로 지불해도 되나요?

_____

b. 그 장비를 할부로 지불하고 싶습니다.

_____

There is a fee for~

• MP3 105

~에 대한 수수료가 있습니다

수수료나 추가 요금이 있음을 알려주는 표현이다. 수수료는 fee 또는 charge로 나타낸다.

Step 1 Basic Pattern

예약을 취소하시려면 수수료가 있습니다.
There is a fee for canceling your reservation.

신용카드에 대해서는 2.5%의 처리 수수료가 있습니다.
There is a 2.5% processing fee for credit cards.

익일 배달 서비스에는 추가 요금이 있습니다.
There is an additional charge for next day delivery.

연체에 대해서는 매달 1.7%의 이자가 부과됩니다.
There is a 1.7% interest charge per month on late payments.

입장료가 있습니다. 그리고 정액권도 구입 가능합니다.
There is a fee for entrance and also season passes are available.

Step 2 Situation Dialog

A   Is next day delivery available on this order?
B   Yes it is, and an additional fee will be charged for the service.

A   이 주문에 대해 다음 날 배송이 가능합니까?
B   네, 가능합니다. 그리고 그 서비스에 대해서는 추가 요금이 부과됩니다.

Step 3 Exercise

a. 회원이 되기 위해서는 연회비가 있습니다.
_____

b. 주차료가 있습니다. 그러나 입장은 무료입니다.
_____

Payment is due~ / Payments must be made~

◦ MP3 106 ◦

대금은 ~까지 지불되어야 합니다

대금, 지불금, 납입금을 내야 하는 기일이 언제인지 알려 주는 표현이다. 형용사 due는 '지불해야 하는' 또는 '지불하기로 예정된'이라는 의미로 사용된다.

Step 1 Basic Pattern

결제는 1월 25일에 해야 합니다.
Payment is due on January 25th.

결제는 인보이스에 지정된 대로 해야 합니다.
Payment is due as specified on the invoice.

결제는 인보이스 날짜에서 10일 이내에 해야 합니다.
Payment is due within ten days of the invoice date.

대금은 배송 후 7일 이내에 전액 지불되어야 합니다.
Payment must be made in full within seven days of delivery.

대금은 선적을 받은 날로부터 2주 이내에 지불되어야 합니다.
Payment must be made within two weeks from receipt of shipment.

Step 2 Situation Dialog

A How do I make the payment?
B **The payment must be made** by cashier's check, debit card, or credit card.

A 어떻게 지불할까요?
B 대금은 자기앞 수표, 현금카드 또는 직불카드로 지불하시면 됩니다.

Step 3 Exercise

a. 대금은 배송 전에 지불되어야 합니다. (shipment)

_____

b. 귀하의 임대료 지불은 매달 말에 해야 합니다. (rent payments)

_____

Unit Exercise

다음 문장을 영어로 표현하시오.

1. 이 제품의 제조 원가는 얼마인가요? (manufacturing price)

2. 우리는 9월 첫 주 동안 우리 서비스에 대해 20% 할인 혜택을 드립니다.
   (during the first week)

3. 현재 가격을 10% 낮출 수 있나요?

4. 우리는 새 태블릿 PC의 가격을 145달러 낮추기로 결정했습니다. (decide to)

5. 우리는 고객들에게 가능한 최상의 서비스를 제공하는 것이 목적입니다.
   (aim to / the best possible service)

6. 항공료를 미 달러로 지불해도 되나요?

7. 회원이 되기 위해서는 150달러의 입회비가 있습니다. (joining fee)

8. 대금은 배송 전에 전액 지불되어야 합니다. (prior to)

Unit 16.
주문

107 I'd like to buy a new tablet PC.
새 태블릿 PC를 사고 싶습니다.

108 I'd like to order one hundred pairs of shoes.
구두 100켤레를 주문하고 싶습니다.

109 I'm afraid the item is out of stock.
이 품목은 품절입니다.

110 This item is available in our retail stores.
이 품목은 당사의 소매 판매점에서 구입 가능합니다.

111 How many items do you need?
몇 개 필요하십니까?

112 What size shoes do you need?
어떤 사이즈의 신발이 필요하신가요?

I'd like to buy~ / I'd like to purchase~

• MP3 107 •

~을 구매하고 싶습니다

상품을 구매하겠다는 의사를 표현하는 구문이다. '구매하다'는 buy 또는 purchase로 나타낸다. 두 단어는 동의어이지만 purchase는 상대적으로 더 formal한 표현으로, 대량 또는 규모가 큰 상품을 구매할 때 사용한다. 이에 반해 buy는 양이나 규모가 작거나 일상적인 상품을 구매할 때 사용하는 동사이다. 그러나 경우에 따라서는 I bought a new book.과 I purchased a new book.처럼 서로 구분 없이 사용되기도 한다.

새 태블릿 PC를 사고 싶습니다.
I'd like to buy a new tablet PC.

장미 한 다발을 사고 싶습니다.
I'd like to buy a bunch of roses.

토지를 좀 구입하고 싶습니다.
I'd like to purchase a piece of land.

와인 5병을 구매하고 싶습니다.
I'd like to purchase five bottles of wine.

귀사의 웹사이트에 광고된 상품을 몇 가지 구매하고 싶습니다.
I'd like to purchase some products advertised on your website.

A   How can I help you?
B   **I'd like to purchase** a box of chocolates.

A   어떻게 도와드릴까요?
B   초콜릿 한 상자를 구입하고 싶습니다.

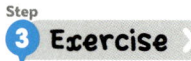

a. 와인을 한 병 사고 싶습니다.

b. 사무실용 가구를 몇 가지 구입하고 싶습니다.

Pattern 108

I'd like to order~ / I'd like to place an order for~

~을 주문하고 싶습니다

상품 주문이나 서비스를 요청하고자 할 때 사용하는 표현이다. '주문하다'는 order 또는 place an order for로 나타낸다.

Step 1 Basic Pattern

룸 서비스를 부탁합니다.
I'd like to order room service.

구두 100켤레를 주문하고 싶습니다.
I'd like to order one hundred pairs of shoes.

컬러 프린트 12개를 주문하고 싶습니다.
I'd like to place an order for a dozen color printers.

귀사의 여름 카탈로그에 있는 제품을 몇 가지 주문하고 싶습니다.
I'd like to place an order for a few items from your summer catalog.

48인치 평면 스크린 TV 20대를 귀사에서 주문하고 싶습니다.
I'd like to place an order with your company for twenty 48 inch flat screen TVs.

Step 2 Situation Dialog

A   May I take your order?
B   **I'd like** two cheeseburgers and French fries.
A   Ok, eat in or to go?

A   주문하시겠습니까?
B   치즈버거와 프랜치 프라이 2인분을 주세요.
A   알겠습니다. 여기서 드실 건가요, 아니면 가져가실 건가요?

* I'd like two cheeseburgers. = I'd like to order two cheeseburgers.

Step 3 Exercise

a. 다음 품목들을 주문하고 싶습니다.

b. 이 책을 10권 주문하고 싶습니다.

Pattern 109 ~out of stock

~은 품절입니다

재고가 남지 않아 주문 받은 물품을 공급할 수 없는 경우 사용하는 표현이다.

Step 1 Basic Pattern

이 품목은 품절입니다.
I'm afraid the item is **out of stock**.

이 구두는 품절입니다.
I'm afraid the shoes are **out of stock**.

죄송합니다만 귀하의 품목들은 현재 모두 품절입니다.
I'm sorry but all your items are currently **out of stock**.

죄송합니다만 귀하께서 주문하신 상품들은 현재 품절입니다.
We are sorry but the products you ordered are currently **out of stock**.

그 품목은 현재 품절입니다. 하지만 귀하를 위해 제조업체로부터 주문해드릴 수 있습니다.
We are currently **out of stock** on that item, but we can back order it for you.

Step 2 Situation Dialog

A Do you have a new Samsung smart LED TV?
B That is **out of stock** at the moment, but we will be receiving a new shipment within a few days.

A 새로 나온 삼성 스마트 LED TV가 있나요?
B 그 제품은 현재 품절입니다. 하지만 수일 내로 새 선적이 도착할 것입니다.

Step 3 Exercise

a. 죄송하지만, 그 책은 현재 품절입니다.

b. 죄송하지만 귀하께서 주문한 카메라는 현재 품절입니다.

~available / ~not available

~구입할 수 있습니다 / ~구입할 수 없습니다

MP3 110

물품 또는 서비스의 제공 가능 유무를 나타내는 표현이다; 여기서 available은 '(물품을) 구할 수 있는' 또는 '(서비스를) 이용할 수 있는'이라는 의미로 사용된다. 이외에도 사람을 주어로 해서 '시간적 여유가 있는'이나 '만날 수 있는'이라는 의미도 갖는다. 예) He is not available at the moment. 그는 지금 자리에 안 계십니다.

Step 1 Basic Pattern

이 품목은 당사의 소매 판매점에서 구입 가능합니다.
This item is available in our retail stores.

우리 서점에서 200권을 확보하고 있습니다.
Two hundred copies are available in our book stores.

이 제품들은 당사의 창고에서 즉시 확보 가능합니다.
These products are immediately available from our warehouse.

그 제품은 현재 당사의 상점에서는 구입할 수 없습니다.
That item is currently not available in our stores.

토요일 공연을 위한 티켓은 구입할 수 없습니다.
No tickets are available for Saturday's performance.

Step 2 Situation Dialog

A I'd like to buy two tickets for Friday's concert.
B I am sorry but all tickets are sold out and no longer available.

A 금요일 콘서트를 위한 입장권을 2장 사고 싶습니다.
B 죄송하지만 모든 표가 매진되어 더 이상 구입하실 수 없습니다.

Step 3 Exercise

a. 신제품들은 현재 당사의 상점에서 구입할 수 없습니다.
_____

b. 이 종류의 전화기는 다양한 가격대에서 구입할 수 있습니다. (a wide range of prices)
_____

Pattern 111

How many ~ do you need?

~이 몇 개 필요하십니까?

주문 상품의 필요한 개수를 묻는 질문이다. 동사는 need 또는 want를 사용할 수 있다.

Step 1 Basic Pattern

몇 개 필요하십니까?
How many items **do you need**?

객실이 몇 개 필요하십니까?
How many rooms **do you need**?

티켓이 몇 장 필요하십니까?
How many tickets **do you want**?

사탕이 몇 상자 필요하십니까?
How many boxes of candies **do you need**?

책이 몇 권 필요하십니까?
How many copies of the book **do you need**?

Step 2 Situation Dialog

A I'd like to buy some apples.
B **How many** apples **do you need**?

A 사과를 좀 사고 싶습니다.
B 사과가 얼마나 필요하시나요?

Step 3 Exercise

a. 샘플이 몇 개 필요하십니까?
　

b. 빵이 몇 개 필요하십니까?

What size(type of) ~ do you need?

어떤 크기(종류의)의 ~이 필요한가요?

주문 상품의 크기나 유형에 관해 묻는 표현이다. 이외에도 색상이 무엇인지(color) 또는 어떤 모델인지(model)에 관해 질문할 수도 있다. 예) What color do you need? 어떤 색상이 필요한가요?

Step 1 Basic Pattern

어떤 사이즈의 신발이 필요하신가요?
What size shoes **do you need**?

어떤 사이즈의 건전지가 필요하신가요?
What size batteries **do you need**?

어떤 사이즈의 하드 드라이브가 필요하신가요?
What size hard drive **do you need**?

어떤 종류의 복사기가 필요하신가요?
What type of photocopier **do you need**?

어떤 종류의 스마트폰을 원하시나요?
What type of smartphone **do you want**?

Step 2 Situation Dialog

A **What type of** vehicle **do you need**?
B I am looking for a four-wheel drive sport utility vehicle.

A 어떤 종류의 차량을 필요로 하시나요?
B 저는 4륜 구동 레저용 차량(SUV)을 찾고 있습니다.

Step 3 Exercise

a. 어떤 크기의 테이블이 필요하신가요?
_____

b. 어떤 종류의 유리 제품이 필요하신가요? (glassware)
_____

Unit Exercise

다음 문장을 영어로 표현하시오.

1. 개인용 컴퓨터 시스템을 구입하고 싶습니다.

2. 딸기 5kg을 주문하고 싶습니다.

3. 이 제품은 현재 품절입니다.

4. 이 신제품은 8월 1일부터 시장에서 구입할 수 있습니다.

5. 와인이 몇 병 필요하십니까?

6. 어떤 종류의 컴퓨터가 필요하신가요?

Unit 17.
주문 변경 및 취소

113 Can I change my order?
주문을 바꿀 수 있나요?

114 I'd like to cancel my order.
주문을 취소하고 싶습니다.

115 I'd like to return this item for a full refund.
이 제품을 반품하고 전액 환불 받고 싶습니다.

116 We do not accept returns for the following products.
다음 제품들은 반품이 되지 않습니다.

117 There is an item missing from my order.
제가 한 주문에서 물품이 하나 빠졌습니다.

118 My package has arrived damaged.
포장이 파손되어 도착했습니다.

I would like to change~ / I would like to make a change to~

~을 바꾸고자/변경하고자 합니다

이미 주문했던 내용을 변경하고자 할 때 사용하는 표현이다. 그 외 주소나 지불 방법을 바꾸거나 할 때도 사용할 수 있는 구문이다.

Step 1 Basic Pattern

주문을 바꿀 수 있나요?
Can I change my order?

배송지 주소를 변경할 수 있나요?
I would like to change my delivery address.

지불 방법을 변경하고 싶습니다.
I would like to change my payment method.

오늘 일찍 했던 주문을 몇 가지 변경하고 싶습니다.
I would like to make a few changes to the order I placed earlier today.

저의 화요일 주문을 아래 수정된 주문으로 변경하고자 합니다.
I would like to change my Tuesday order to the revised order below.

Step 2 Situation Dialog

A **May I make another change** in my order?
B Sure you can. How would you like to change your order?
A I'd like to order a photocopier instead of a printer.

A 주문을 다시 한 번 더 바꿀 수 있나요?
B 하실 수 있습니다. 어떻게 바꾸기를 원하십니까?
A 프린터기 대신에 복사기를 주문하고 싶습니다.

Step 3 Exercise

a. 이 목록에 있는 전 품목의 주문을 바꾸고자 합니다. (all items in this list)

_____

b. 저의 지난 주문을 다음과 같이 바꾸고자 합니다. (my last order)

_____

Pattern 114

Please cancel~ / I'd like to cancel~

◦ MP3 114 ◦

~을 취소하고 싶습니다

주문을 취소하는 표현이다. 동사 cancel은 물품 주문 외에도 호텔 예약, 회의 또는 일정을 취소하고자 할 때도 사용할 수 있다.
예) I'd like to cancel my room reservation. 저의 객실 예약을 취소하고자 합니다.
I have to cancel our meeting on Wednesday. 수요일 회의를 취소해야 합니다.
I have to cancel tomorrow's appointment with you. 내일로 예정된 귀하와의 약속을 취소해야 합니다.

Step 1 Basic Pattern

주문을 취소하고 싶습니다. **I'd like to cancel** my order.

저의 노트북 주문을 취소해야겠습니다. My order for a laptop **needs to be cancelled**.

주문을 취소해주시기 바랍니다. 그리고 카드로 환불이 되었는지 확인바랍니다.
Please cancel my order and make sure that my card is credited again.

24시간 이내에 배송할 수 없다면, 주문을 취소해주시기 바랍니다.
Unless you can ship within the next 24 hours, **please cancel** my order.

저는 대금을 지불할 수 없으므로 그 주문을 취소하고자 합니다.
I **need that order to be retracted**, since I am not able to make payment.

Step 2 Situation Dialog

A   I accidentally placed a duplicate order on your website. **Can you please delete** one of them?

B   Let me check it for you. Would you please tell me what your order number is?

A   귀사의 웹사이트에서 실수로 중복 주문을 했습니다. 해 나를 취소할 수 있을까요?

B   확인해 드리겠습니다. 주문 번호를 알려주시겠습니까?

* duplicate order 중복 주문

Step 3 Exercise

a. 저의 최근 주문을 취소하고 싶습니다. 그것은 제가 원했던 것이 아니라는 것을 알았습니다.

___

b. 오늘 아침 노트북과 스마트폰을 주문했습니다. 스마트폰을 취소할 수 있을까요?

___

I want to return~ / I'd like to return~

• MP3 115

~을 반품하고 싶습니다

주문 또는 구매했던 물품을 반품하고자 할 때 사용하는 표현이다.

Step 1 Basic Pattern

이 노트북을 반품하고 싶습니다.
I want to return this laptop.

이 TV 세트를 반품하고 싶습니다.
I want to return this television set.

이 제품을 반품하고 전액 환불 받고 싶습니다.
I'd like to return this item for a full refund.

지난 주 구입했던 잔디깎기 기계를 반품하고 싶습니다.
I'd like to return the lawnmower I purchased last week.

이 제품을 반품하고 환불보다는 교환하고 싶습니다.
I'd like to return this item for an exchange instead of a refund.

Step 2 Situation Dialog

A   I have received my order today, but **would like to return** it.
B   Can I ask why you want to return it?
A   You sent me the wrong item. I ordered a coffee pot online, but received a coffee mug.

A   오늘 주문품을 받았습니다만, 반품을 원합니다.
B   왜 반품을 원하시는지 이유를 물어봐도 되겠습니까?
A   상품을 잘못 보냈습니다. 저는 커피 포트를 주문했었는데 커피잔을 받았습니다.

Step 3 Exercise

a. 이 핸드백을 반품하고 환불 받고 싶습니다.

_____

b. 귀하의 상점에서 구입한 테이블과 의자를 반품하고 싶습니다.

_____

We do not accept returns~

~은 반품이 되지 않습니다

물품을 구매한 고객이 반품을 요청할 때, 규정에 위배되거나 조건이 맞지 않아 반품을 해줄 수 없는 경우 사용할 수 있는 표현이다.

Step 1 Basic Pattern

저희는 반품을 받지 않습니다.
We do not accept any **returns**.

다음 제품들은 반품이 되지 않습니다.
We do not accept returns for the following products.

변심에 의한 반품은 되지 않습니다.
We do not accept returns if you change your mind.

원래의 상태가 아닌 제품은 반품이 되지 않습니다.
We cannot accept returns of any item that is not in its original condition.

구입하신 제품이 결함이 있는 경우를 제외하고는 반품이나 교환이 되지 않습니다.
We do not accept returns or exchanges unless the item you purchased is defective.

Step 2 Situation Dialog

A I bought a sunscreen lotion at this store last week but I'd like to return it.

B I am sorry but **we do not accept returns** on cosmetic products.

A 지난 주 이 매장에서 선스크린 로션을 구입했었는데, 그것을 반품하고 싶습니다.
B 죄송하지만 화장품 제품은 반품이 되지 않습니다.

Step 3 Exercise

a. 아래 목록의 제품들은 반품이 되지 않습니다. (items listed below)

_____

b. 손상되었거나 결함이 있는 것을 제외하고는 반품이 되지 않습니다.
   (unless it is damaged or defective)

_____

Pattern 117 ~is missing

~이 빠졌습니다

• MP3 117 •

주문했던 물품을 수령했을 때 부품이 모자라거나 내용물이 빠진 것을 발견한 경우에 사용할 수 있는 표현이다.

Step 1 Basic Pattern

제가 한 주문에서 물품이 하나 빠졌습니다.
There is an item **missing** from my order.

주문품을 받고 보니 몇 가지 물품이 빠졌습니다.
There are a few items **missing** from the order I received.

귀하의 상점에서 주문한 책이 페이지가 몇 장 없습니다.
The book I ordered from your store **is missing** a few pages.

제가 구입한 양복의 소매에 단추가 하나 없다는 것을 발견했습니다.
I noticed that the suit I bought **is missing** a button on the sleeve.

귀사의 웹사이트에서 주문한 프린터의 박스 안에 USB 케이블이 들어있지 않습니다.
The printer I ordered via your website **is missing** a USB cable in the box.

Step 2 Situation Dialog

A   I bought a new iPhone from your website but I found that it **is missing** the lightning cable in the box.

B   I apologize for the error. We will send you a replacement immediately.

A   귀사의 웹사이트를 통해 새 아이폰을 구입했습니다. 그런데 확인해 보니 상자 안에 라이트닝 케이블이 없습니다.
B   실수를 해서 죄송합니다. 즉시 그 부품을 보내드리겠습니다.

Step 3 Exercise

a. 어제 귀하의 상점에서 구입한 셔츠에 단추가 하나 없습니다.

___

b. 귀사의 웹사이트에서 주문한 팬의 뚜껑이 없는 것을 발견했습니다. (lid)

___

~has arrived damaged

~이 손상되어 도착했습니다

수령한 주문품의 포장이나 내용물이 손상되었을 때 사용할 수 있는 표현이다.

Step 1 Basic Pattern

손상된 제품을 받았습니다.
I received a **damaged** item.

제가 받은 주문에 파손된 제품들이 들어 있습니다.
My order contains **damaged** items.

포장이 파손되어 도착했습니다.
My package **has arrived damaged**.

제가 주문한 물품이 손상되어 도착했습니다.
The item I ordered **has arrived damaged**.

귀하의 상점에서 주문한 디지털 카메라가 파손되어 도착했습니다.
The digital camera I ordered from your store **has arrived damaged**.

Step 2 Situation Dialog

A   I ordered a camping chair via your website but it **has arrived damaged**.

B   I am sorry to hear that. Please send it back to us.
We will give you a replacement or refund including postage, whichever you prefer.

A   귀사의 웹사이트를 통해 캠핑용 의자를 하나 주문했었는데, 그것이 파손되어 도착했습니다.

B   죄송합니다. 그 제품을 저희에게 돌려 보내 주십시오, 배송료를 포함해서 교체 또는 환불 어느 쪽이든, 원하시는 대로 해드리겠습니다.

Step 3 Exercise

a. 제가 받은 주문에 파손된 제품이 있습니다. (have ~ in my order)

___

b. 귀사의 웹사이트를 통해 주문한 전기 쿠커가 파손되어 도착했습니다.

___

Unit Exercise

다음 문장을 영어로 표현하시오.

1. 지난 금요일에 했던 주문을 변경하고 싶습니다.

2. 귀사의 웹사이트에서 했던 주문을 취소하고 싶습니다.

3. 지난 토요일 귀하의 상점에서 구입한 이 가죽 재킷을 반품하고 싶습니다.

4. 할인 품목에 대해서는 교환 또는 환불이 되지 않습니다.

5. 귀사의 웹사이트에서 주문한 컴퓨터에 키보드가 빠졌다는 것을 발견했습니다.
I just noticed that

6. 귀사의 웹사이트를 통해 주문했던 모니터가 손상되어 도착했습니다.

Unit 18.
배송

119 **How long does it take to receive my order?**
주문을 받으려면 얼마나 걸리나요?

120 **When can I expect my order to be delivered?**
주문은 언제 배송될까요?

121 **Can you send the package by airmail?**
이 소포를 항공 우편으로 보내주실 수 있나요?

122 **We need the parcel by 5 P.M. tomorrow.**
우리는 그 소포가 내일 오후 5시까지 필요합니다.

123 **Your order has already been dispatched.**
귀하의 주문은 이미 발송되었습니다.

124 **The shipment will be delayed due to bad weather.**
악천후로 인해 배송이 지연될 것입니다.

125 **Your shipment will arrive within five business days.**
귀하의 선적물은 공휴일 제외 5일 이내에 도착할 것입니다.

Pattern 119
How long does it take~? / How many days will it take~

• MP3 119 •

~은 얼마나 오래(며칠이나) 걸리나요?

배송 기간을 묻는 질문이다. 주문이 도착하기까지 걸리는 구체적인 일수를 알고 싶을 때는 How many days~ 구문을 사용한다.

Step 1 Basic Pattern

주문을 받으려면 얼마나 걸리나요?
How long does it take to receive my order?

환불을 받으려면 얼마나 걸리나요?
How long does it take to receive a refund?

교체품을 받으려면 얼마나 걸리나요?
How long does it take to receive a replacement?

환불을 받으려면 며칠이 걸리나요?
How many days will it take to get my money back?

호주에서 발송한 소포를 받으려면 며칠이 걸리나요?
How many days will it take to receive a parcel from Australia?

Step 2 Situation Dialog

A **How many days will it take** for my package to be delivered?
B Your package will arrive in three working days.

A 저의 소포가 배달되려면 며칠이 걸리나요?
B 귀하의 소포는 공휴일 제외 3일 이내에 도착될 것입니다.

*~working days / ~business days 공휴일을 제외하고 계산한 일 수

Step 3 Exercise

a. 주문이 배달되려면 얼마나 걸리나요?
_____

b. 홍콩에서 발송한 소포를 받으려면 며칠이 걸리나요?
_____

When can I expect~?

언제 ~을 받을 수 있을까요?

○ MP3 120 ○

직역은 '언제 ~을 받을 것으로 기대할 수 있나요?'로 Pattern 119에서 다룬 표현과 마찬가지로 배송 기간을 묻는 질문이다. 그러나 여기서는 걸리는 기간보다는 받을 수 있는 날이나 시점에 중점을 둔다.

Step 1 Basic Pattern

주문은 언제 받을 수 있을까요?
When can I expect my order?

주문은 언제 배송될까요?
When can I expect my order to be delivered?

귀하로부터 견적을 언제 받을 수 있을까요?
When can I expect to receive an estimate from you?

지금 주문하면 상품을 언제 받을 수 있을까요?
When can I expect to receive the products if I order now?

오늘 아침에 주문한 소파 세트는 언제 받을 수 있을까요?
When can I expect to receive the sofa set that I ordered this morning?

Step 2 Situation Dialog

A I'd like to purchase your building materials. **When can I expect** to receive them if I order now?
B Your order will be processed before 2 P.M. today and delivered on Friday at the latest.

A 귀사의 건설 장비를 구매하려 합니다. 지금 주문하면 그것들을 언제 받을 수 있을까요?
B 귀하의 주문은 오늘 오후 2시 전에 처리되어 늦어도 금요일에는 배송될 것입니다.

Step 3 Exercise

a. 그 소포는 언제 받을 수 있을까요?

_____

b. 귀하로부터 확인 메시지를 언제 받을 수 있을까요? (a confirmation message)

_____

Unit 18. 배송   **177**

Pattern 121
Can you send it by~? / I want you to send it by~

MP3 121

~로 보내주실 수 있나요? / ~로 보내주시기를 바랍니다

어떤 배송 방법으로 물품을 보낼 것인지 구체적으로 지정하는 표현이다. 다음 페이지에 수록된 우편 및 배송과 관련된 다양한 표현들을 숙지해 둘 것을 권한다.

Step 1 Basic Pattern

이 소포를 항공 우편으로 보내주실 수 있나요?
Can you send the package **by** airmail?

이 소포를 선편으로 보내주실 수 있나요?
Can you send the parcel **by** surface mail?

저의 주문을 속달로 보내주실 수 있나요?
Can you send my order **by** express mail?

이 상자를 등기 우편으로 보내주실 수 있나요?
Can you send this box **by** registered mail?

이 소포들을 속달 배송으로 보내주실 수 있나요?
Can you send these parcels **by** overnight courier?

Step 2 Situation Dialog

A **Can you send** these documents **by** registered mail?
B Yes, we can. Please fill in this form.

A 이 서류를 등기 우편으로 보내주실 수 있나요?
B 물론입니다. 이 양식에 기입해주세요.

Step 3 Exercise

a. 이 식품을 당일 배송으로 보내주실 수 있나요? (same day delivery)

_____

b. 이 꽃들을 익일 배송으로 보내주실 수 있나요? (next day delivery)

_____

tip 우편 및 배송 관련 어휘

area code	지역번호
zip code	우편번호
country code	국가번호
airmail	항공 우편
surface mail	선편, 선박 우편 * by surface mail 선편으로(by ship)
overnight mail	속달 우편
express mail	속달 우편
registered mail	등기 우편
overnight courier	속달 배송
special delivery	특급 배송
same day delivery	당일 배송
next day delivery	익일 배송
money order	우편환
junk mail	광고 우편물
correspondence	편지, 통신
fragile	깨지기 쉬운 * 우체국 또는 공항에서 파손되기 쉬운 물품의 꼬리표에 부착하는 표현
postage due	우편 요금 부족
postage paid	우편 요금 지불 완료
surcharge	추가 요금
weekday rates	평일 요금
weekends rates	주말 요금

Pattern 122

We need these by~ / Can you deliver these by~?

이것들이 ~까지 필요합니다 / ~까지 배송해주실 수 있나요?

주문한 물품이 필요한 시간 또는 배송을 원하는 날짜나 시점을 알려주는 표현이다. by 대신 no later than을 사용할 수 있다. 여기서 전치사 by는 '~까지'로 시간을 의미한다. 즉, by Friday는 sometime before or on Friday의 의미이다.

* on Friday - during the day of Friday

Step 1 Basic Pattern

우리는 그 소포가 내일 오후 5시까지 필요합니다.
We need the parcel **by** 5 P.M. tomorrow.

우리는 그 부품이 화요일 정오까지 필요합니다.
We need the components **by** noon on Tuesday.

우리는 그 제품이 늦어도 7월 5일까지는 배달되어야 합니다.
We need the products delivered **no later than** July 5th.

프린트 용지 한 상자를 내일 아침까지 배달해주실 수 있나요?
Can you deliver a box of printing paper **by** tomorrow morning?

장미 한 다발을 이 주소로 일요일 정오까지 배달해주실 수 있나요?
Can you deliver a bunch of roses to this address **by** noon on Saturday?

Step 2 Situation Dialog

A **Can you deliver** the vacuum cleaner I ordered **by** Wednesday?
B Yes, we can. We will make sure that it arrives before noon on Wednesday.

A 주문한 청소기를 수요일까지 보내주실 수 있나요?
B 네, 보내드릴 수 있습니다. 수요일 정오 전까지 꼭 받으시도록 확인하겠습니다.

Step 3 Exercise

a. 그 포장물을 목요일 오전까지 보내주실 수 있나요?
_____

b. 우리는 오버헤드 프로젝터가 늦어도 다음 주 금요일까지는 배달되어야 합니다.
(overhead projector)
_____

Pattern 123

Your order has been dispatched~ / Your order is being processed~

귀하의 주문은 ~발송되었습니다 / 귀하의 주문은 처리 중에 있습니다

주문한 물품이 이미 배송이 되었거나 배송 과정을 거치고 있음을 알리는 표현이다. 주문을 발송했을 때는 dispatch, 배송 절차가 진행 중일 때는 process로 표현한다.

Step 1 Basic Pattern

귀하의 주문은 이미 발송되었습니다.
Your order has already **been dispatched**.

그 품목은 오늘 아침에 발송되었습니다.
The item has been dispatched this morning.

귀하의 주문은 처리 중에 있으며 곧 발송될 것입니다.
Your order is being processed and will be dispatched shortly.

귀하의 주문은 저희 창고에서 발송되었습니다.
Your order has been dispatched from our warehouse.

그 소포는 빠른 등기 우편으로 발송되었습니다.
The parcel has been dispatched by first class recorded delivery.

Step 2 Situation Dialog

A I'd like to know when my order was dispatched.
B **It was dispatched** by our courier two days ago.

A 저의 주문이 언제 발송되었는지 알고 싶습니다.
B 이틀 전 저희 운송팀에 의해 발송되었습니다.

Step 3 Exercise

a. 우리는 귀하의 주문을 대금 결제가 난 후 3일 이내에 처리할 것입니다.

b. 귀하이 주문은 저회 창고에서 24시간 이내에 발송될 것입니다.

Pattern 124

The shipment will be delayed due to~

• MP3 124

~로 인해 배송이 지연될 것입니다

어떤 이유로 인해 배송이 지연될 것임을 알리는 표현이다.

Step 1 Basic Pattern

악천후로 인해 배송이 지연될 것입니다.
The shipment will be delayed due to bad weather.

모든 주문의 배송이 기사들의 파업으로 인해 지연될 것입니다.
The shipment of all orders **will be delayed due to** the drivers' strike.

기술적 오류로 인해 배송이 지연될 것입니다.
The shipment will be delayed due to a technical fault.

재고 부족으로 인해 귀하의 주문 배송이 지연될 것입니다.
Your orders will be delayed due to inventory shortage.

피치 못할 사정으로 인해 귀하의 주문 배송이 지연될 것입니다.
Your order will be delayed due to unavoidable circumstances.

Step 2 Situation Dialog

A When can I receive my order?
B **The shipment will be delayed due to** temporary shortages of drivers.

A 주문을 언제 받을 수 있나요?
B 일시적인 기사 부족으로 인해 배송이 지연될 것입니다.

Step 3 Exercise

a. 공급 부족으로 인해 선적 배송이 지연될 것입니다.

_____

b. 예기치 못한 폭설로 인해 선적 배송이 지연될 것입니다.

_____

Pattern 125: Your order will arrive~

귀하의 주문은 ~에 도착할 겁니다

주문의 도착 시간 또는 배송 날짜를 알려주는 표현이다.

Step 1 Basic Pattern

귀하의 주문은 일주일 이내에 도착할 것입니다.
Your order will reach you within one week.

귀하의 주문은 한 시간내로 찾아 가실 수 있을 것입니다.
Your order will be ready to collect in an hour.

귀하의 선적물은 공휴일 제외 5일 이내에 도착할 것입니다.
Your shipment will arrive within five business days.

귀하의 주문은 저희가 주문을 받은 후 2주 만에 도착할 것입니다
Your order will arrive two weeks after we receive your order.

귀하의 선적물은 내일 오전 10시에서 오후 2시 사이에 배송될 것입니다.
Your shipment will be delivered tomorrow between 10 A.M. and 2 P.M.

Step 2 Situation Dialog

A When can I expect my order?
B **Your order should arrive** tomorrow before 5 P.M.

A 주문을 언제 받을 수 있을까요?
B 귀하의 주문은 내일 오후 5시 이전에 받게 될 것입니다.

Step 3 Exercise

a. 귀하의 주문은 3주 안에 배송될 것입니다.

_____

b. 귀하의 선적물은 주문을 내린 후 공휴일 제외 5일 이내에 도착할 것입니다.

_____

Unit 18. 배송   **183**

Unit Exercise

다음 문장을 영어로 표현하시오.

1. 워싱턴에서 발송한 소포를 받으려면 며칠이 걸리나요?

2. 귀하로부터 교체품을 언제 받을 수 있을까요?

3. 이 선물 상자를 익일 배송으로 보내주실 수 있나요?

4. 우리는 그 보관 상자가 8월 21일보다 늦지 않게 배달되어야 합니다.

5. 귀하께서 주문한 품목들은 이미 선편으로 발송되었습니다.

6. 선적 배송이 어쩔 수 없는 상황으로 인해 지연될 것입니다. (beyond our control)

7. 귀하의 주문은 내일 발송되어 공휴일 제외 3일 이내에 배달될 것입니다.

Unit 19.
협상

126 Let's review the draft contract.
계약서 초안을 검토해 봅시다.

127 We cannot accept these terms and conditions.
우리는 이 계약 조건을 받아들일 수 없습니다.

128 We require a more flexible approach to this issue.
우리는 이 문제에 대해 보다 더 유연한 접근이 필요합니다.

129 It is essential for us to comply with all regulations.
우리가 모든 규정들을 준수해야 하는 것은 필수적입니다.

130 There is no room for negotiation on price.
가격에 대해서는 협상의 여지가 없습니다.

131 Customer satisfaction is our number one priority.
고객 만족이 우리의 첫 번째 우선 사항입니다.

132 A major obstacle is the limited resources available to us.
주된 장애 요인은 우리가 이용 가능한 자원이 한정되어 있다는 점입니다.

133 The bottom line is that people always want something new.
결론은 모든 사람들이 새로운 것을 좋아한다는 것입니다.

Let's review~

~을 검토해 봅시다

계약서 또는 조항들을 세밀하게 살펴본다는 의미로 review를 사용한다.

Step 1 Basic Pattern

계약서 초안을 검토해 봅시다.
Let's review the draft contract.

가능한 모든 옵션을 검토해 봅시다.
Let's review all the options available.

계약 조건을 검토해 봅시다.
Let's review the terms and conditions.

서류의 세부 내용을 검토해 봅시다.
Let's review the detailed content of the document.

투자 계획과 관련된 모든 기록들을 검토해 봅시다.
Let's review all records related to the investment program.

Step 2 Situation Dialog

A   **Let's review** applications we have received.
B   How many applicants have applied so far?

A   우리가 받은 신청서들을 검토해 봅시다.
B   지금까지 몇 명이 신청했나요?

Step 3 Exercise

a. 회사의 판매 실적을 검토해 봅시다.

b. 현재 우리에게 가능한 모든 옵션을 검토해 봅시다.

Pattern 127: We cannot accept~

~을 받아들일 수 없습니다

협상 과정에서 상대방의 요청을 거절할 때 사용하는 표현이다. 대화의 여지를 남기기 위해서는 직설적인 표현보다는 문장 앞에 I am sorry but~ 또는 unfortunately 등의 어구를 사용하여 표현을 완곡하고 부드럽게 만드는 것이 좋다.

Step 1 Basic Pattern

우리는 그런 방침은 받아들일 수 없습니다.
We cannot accept such a policy.

우리는 이 계약 조건을 받아들일 수 없습니다.
We cannot accept these terms and conditions.

우리는 이 조건에 대한 귀하의 제안을 받아들일 수 없습니다.
We cannot accept your proposal on these terms.

우리는 그 규칙들이 수정되지 않는다면 받아들일 수 없습니다.
We cannot accept the rules if they are not amended.

우리는 몇 가지 규정들이 삭제되지 않는다면 그 조건을 받아들일 수 없습니다.
We cannot accept these terms unless some rules are removed.

Step 2 Situation Dialog

A I'd like to ask you to remove these provisions from the list.
B I am sorry but **we cannot accept** that request.

A 우리는 귀하께서 이 조항들을 목록에서 삭제해 주시기를 요청합니다.
B 죄송하지만 우리는 그 요청을 받아들일 수 없습니다.

Step 3 Exercise

a. 우리는 이 변경 사항들을 받아들일 수 없습니다. (these changes)

_____

b. 우리는 그 결과에 대한 책임을 질 수 없습니다. (accept responsibility for)

_____

We require~

~이 필요합니다

협상 과정에서 필요하거나 요청할 사항이 있을 때 사용하는 표현이다. 동사 require의 목적어는 명사 또는 [명사+to 부정사] 구문으로 나타낼 수 있다.

Step 1 Basic Pattern

우리는 1주일 안으로 확답이 필요합니다.
We require a confirmation reply within a week.

우리는 이 문제에 대해 보다 더 유연한 접근이 필요합니다.
We require a more flexible approach to this issue.

우리는 그 과정을 조사하기 위해 시간이 더 필요합니다.
We require more time to investigate the process.

우리는 이 프로젝트를 진행시키기 위해 CEO의 승인이 필요합니다.
We require our CEO's approval to go ahead with the project.

우리는 최종 결정을 내리기 전에 그 문제와 관련된 모든 서류가 필요합니다.
We require all the documents related to the issue before we can make a final decision.

Step 2 Situation Dialog

A   I think we have to do something to reverse the decision.

B   **We require** additional evidence or proof to do that.

A   우리는 그 결정을 번복시키기 위해 무언가를 해야 한다고 생각합니다.
B   그러기 위해서 우리는 추가적인 증거나 증거물들이 필요합니다.

Step 3 Exercise

a. 우리는 지체 없이 즉각적인 행동이 필요합니다. (without further delay)

b. 우리는 귀하의 견해를 지지하기 위해 정보가 더 필요합니다. (point of view)

It is essential for us to~ / It is important for us to~

~하는 것이 필수입니다/중요합니다

고려해야 할 중요한 사항이나 핵심적인 사항이 무엇인지 서술하는 표현이다.

Step 1 Basic Pattern

우리는 반드시 그 규칙들을 따라야 합니다.
It is essential for us to follow the rules.

우리가 모든 규정들을 준수해야 하는 것은 필수적입니다.
It is essential for us to comply with all regulations.

우리는 필수적으로 믿을 수 있는 해외 제조업자들을 찾아야 합니다.
It is essential for us to find reliable overseas manufacturers.

우리가 예산의 한도 내에서 작업을 끝내야 하는 것은 매우 중요한 일입니다.
It is very important for us to finish the work within budget.

마감 날짜 전에 작업을 끝내야 하는 것은 우리에게 매우 중요한 일입니다.
It is important for us to finish the job before the deadline.

Step 2 Situation Dialog

A **It is important for us to** become more competitive both in price and quality.

B I understand, but we cannot combine high quality and price reduction together.

A 가격과 품질 면에서 더 경쟁적이 되어야 하는 것은 우리에게 중요합니다.
B 이해는 합니다만, 우리는 고품질과 가격 할인을 함께 제공할 수는 없습니다.

Step 3 Exercise

a. 모든 참석자들은 필수적으로 복장 규정을 따라야 합니다. (the dress code)

_____

b. 그 작업을 일정대로 그리고 예산 범위 내에서 마쳐야 하는 것은 우리에게 중요한 일입니다.
(on time and within budget)

_____

Pattern 130

There is no room for~

MP3 130

~의 여지는 없습니다

명백해서 더 이상 논의의 여지가 없거나 또는 상황적이나 시간적으로 논의할 수 있는 여유가 없는 경우에 사용할 수 있는 표현이다. [전치사 for+명사 또는 부정사 to+동사] 구문을 연결시킨다.

Step 1 Basic Pattern

재고의 여지는 없습니다.
There is no room for reconsideration.

가격에 대해서는 협상의 여지가 없습니다.
There is no room for negotiation on price.

작업 마감일을 협상할 수 있는 여지는 없습니다.
There is no room to negotiate the completion date of the works.

서비스의 품질이 더 이상 저하되는 것을 용납할 수 있는 여지는 없습니다.
There is no room to tolerate a further deterioration in service quality.

그 제안의 비용 효율에 관해서는 의심의 여지가 거의 없습니다.
There is little room for doubt about the cost-effectiveness of the proposals.

Step 2 Situation Dialog

A Why don't we include a pay negotiation in the agenda?
B **There is no room to** discuss a pay increase at this point in time.

A 임금 협상을 의제에 포함시키는 것은 어떻습니까?
B 현재로서는 임금 인상을 논의할 수 있는 여지는 없습니다.

Step 3 Exercise

a. 제품의 품질에 관한 타협의 여지는 없습니다. (compromise)

_____

b. 누가 그 프로젝트를 책임질 것인지에 관한 논쟁의 여지는 없습니다. (be in charge of)

_____

190 비즈니스 영어회화 핵심 패턴

Pattern 131: Our priority is~ / ~should be a priority

◦ MP3 131 ◦

우리의 우선 사항은 ~입니다

협상의 상대방에게 고려해야 할 우선 사항이 무엇인지 알려 주는 표현이다. priority 대신 prime concern (주된 관심사) 또는 precedence(우선권) 등으로 바꾸어 쓸 수 있다. 형용사 high 또는 low 를 사용하여 우선권의 정도를 수식한다.
* a high priority '최우선 사항', a low priority '중요하지 않은 사항'

Step 1 Basic Pattern

우리의 최우선 사항은 가격이 아니라 품질입니다.
Our top priority is not price but quality.

고객 만족이 우리의 첫 번째 우선 사항입니다.
Customer satisfaction **is our number one priority**.

우리의 다음 우선 사항은 중국에서 믿을 수 있는 공급업체를 찾는 것입니다.
Our next priority is to find a reliable supplier in China.

마감 시간을 지키는 것이 모든 관계자들의 최우선 사항입니다.
Meeting deadlines **should be a top priority** for all parties involved.

운영 효율을 높이는 것이 우리 팀의 최우선 사항이 되어야 합니다.
Improving operational efficiency **should be a top priority** for our team.

Step 2 Situation Dialog

A What is your major concern?
B **Our first priority is** keeping projects on time.

A 귀하의 주된 관심사는 무엇인가요?
B 우리의 최우선 사항은 예정에 맞게 프로젝트를 진행하는 것입니다.

Step 3 Exercise

a. 우리의 우선 사항은 창고의 보유 용량을 늘이는 것입니다. (warehouse capacity)

_____

b. 우리의 최우선 사항은 고객 만족을 통해 판매를 증가시키는 것입니다. (increase sales through)

_____

Pattern 132

A major obstacle is~ / ~is a major obstacle

• MP3 132 •

주된 장애 요인은 ~입니다

대화나 협상 또는 일의 진행을 방해하고 있는 장애 요인이 무엇인지 밝히는 표현이다.

Step 1 Basic Pattern

주된 장애 요인은 직원 교육의 부족입니다.
A major obstacle is lack of employee training.

주된 장애 요인은 우리가 이용 가능한 자원이 한정되어 있다는 점입니다.
A major obstacle is the limited resources available to us.

현 시점에서 주된 장애 요인은 그 사업의 큰 규모입니다.
The main obstacle at this point **is** the large scale of the operation.

주된 장애 요인은 심각하게 낙후된 기반 시설입니다.
The main obstacle is the infrastructure that has seriously decayed.

현 시점에서 주된 장애 요인은 매니저와 종업원 간의 소통 부족입니다.
The main obstacle at this point **is** poor communication between managers and employees.

Step 2 Situation Dialog

A Do you have any difficulty in doing the project?
B Lack of information **is the main obstacle**.

A 프로젝트 수행에 어려움이 있나요?
B 정보 부족이 주된 장애 요인입니다.

Step 3 Exercise

a. 상대적으로 낮은 수익이 이 사업의 주된 장애 요인입니다. (low return)

b. 높은 원자재 비용이 가격 할인의 주된 장애 요인이 되고 있습니다.

Pattern 133. The bottom line is that~

MP3 133

결론은 ~입니다

직역을 하면 the bottom line은 '페이지의 맨 마지막 라인'이라는 뜻으로 핵심, 요점 또는 최종 결과를 의미한다. 문제가 되는 사항이나 결정적인 사실을 언급하고자 할 때 사용할 수 있는 구문이다.

Step 1 Basic Pattern

문제는 우리가 그 규칙들을 바꿀 수 없다는 사실입니다.
The bottom line is that we cannot change the rules.

결론은 모든 사람들이 새로운 것을 좋아한다는 것입니다.
The bottom line is that people always want something new.

문제는 누구도 그 사업에 관심을 갖지 않는다는 것입니다.
The bottom line is that no one has any interest in that business.

문제는 결정을 더 이상 미룰 수 없다는 것입니다.
The bottom line is that the decision cannot be postponed anymore.

결론은 그 서비스에 대한 수요가 시장에서 증가하고 있다는 사실입니다.
The bottom line is that the demand for the service is growing in the market.

Step 2 Situation Dialog

A I heard that your company stopped investing in the mining industry.
B Yes, we had to. **The bottom line is that** it is not as profitable as it was.

A 귀사가 광산업에 대한 투자를 중단했다고 들었습니다.
B 그럴 수 밖에 없었습니다. 문제는 그 사업이 옛날처럼 수익이 나지 않는다는 것입니다.

Step 3 Exercise

a. 결론은 우리는 모두 그 규칙을 따라야 한다는 사실입니다.

b. 문제는 그것은 이미 구식이거나 곧 구식이 될 것이라는 것입니다. (obsolete)

Unit Exercise

다음 문장을 영어로 표현하시오.

1. 그 제안서의 타당성을 검토해 봅시다. (validity)

2. 우리는 이 일방적인 결정을 받아들일 수 없습니다. (unilateral decision)

3. 우리는 각 옵션의 장점을 평가하기 위해 시간이 더 필요합니다.
   (the benefits of each option)

4. 우리는 필수적으로 이 문제들에 대해 객관적이고 편견 없는 견해를 가져야
   합니다. (objective and unbiased)

5. 누가 그 회담에 참석할 것인지에 대한 토론의 여지는 없습니다.

6. 마감 시간을 지키고 예산에 맞게 프로젝트를 진행시키는 것이 귀하의 최우선
   사항입니다.

7. 높은 건축 자재 비용이 이 개발 사업의 주된 장애 요인이 되고 있습니다.

8. 결론은 결정이 이미 내려졌으며, 우리는 모두 그 결정을 따라야 한다는 것입니다.

Unit 20.
계약

134 We are prepared to accept these terms.
우리는 이 조항을 받아들일 의향이 있습니다.

135 We have no objection to the new clause.
우리는 새 조항에 이의가 없습니다.

136 The last thing we want to do is to miss the deadline.
우리는 마감 날짜를 놓치고 싶지 않습니다.

137 We reached an agreement on the main issues.
우리는 주된 쟁점에 관해 합의에 도달했습니다.

138 The regulation goes into effect next week.
그 규정은 다음 주 효력을 발생합니다.

139 This agreement is valid until next March.
이 합의는 내년 3월까지 유효합니다.

140 The contract expires at the end of September.
계약은 9월 말에 종료됩니다.

141 The contract can be renewed every three years.
계약은 매 3년마다 연장될 수 있습니다.

We are prepared to~

~할 준비가 되어 있습니다

'~할 준비가 되다' 또는 '~할 의향이 있다'라는 의미이다. 상대방의 제안을 받아들일 준비가 되어 있다는 뜻으로 We are willing to~, '기꺼이 ~을 하겠다'와 유사한 표현이다.

Step 1 Basic Pattern

우리는 이 조항을 받아들일 의향이 있습니다.
We are prepared to accept these terms.

우리는 가격을 절충할 준비가 되어 있습니다.
We are prepared to compromise on the price.

우리는 그 결과에 대해 책임질 준비가 되어 있습니다.
We are prepared to take responsibility for the result.

우리는 그 계획의 세부 사항에 대해 타협할 준비가 되어 있습니다.
We are prepared to compromise on details of the plan.

우리는 그 규정의 요구 사항에 부응할 준비가 되어 있습니다.
We are prepared to meet the requirements of the regulations.

Step 2 Situation Dialog

A I wonder if you have thought about our proposals.
B Yes, we have and **we are prepared to** accept them.

A 저희의 제안에 대해 생각해 보셨는지 알고 싶습니다.
B 네, 생각해 보았습니다. 그리고 그것들을 수용할 준비가 되어 있습니다.

Step 3 Exercise

a. 우리는 차액을 지불할 준비가 되어 있습니다. (the price difference)

_____

b. 우리는 고품질 제품에 대해 금액을 더 지불할 의향이 있습니다. (high quality products)

_____

196 비즈니스 영어회화 핵심 패턴

We have no objection to~

~에 이의가 없습니다

MP3 135

어떤 사항에 대한 반대 의사가 없음을 나타내는 표현이다. 즉, 상대방이 제안한 조건이나 규정을 그대로 받아들이겠다는 의사 표시이다.

Step 1 Basic Pattern

우리는 새 조항에 이의가 없습니다.
We have no objection to the new clause.

우리는 우리의 결정이 발표되는 것에 이의가 없습니다.
We have no objection to our decision being made public.

우리는 마감 기한을 연장하려는 귀하의 요청에 이의가 없습니다.
We have no objection to your request to extend the deadline.

우리는 이사회에 의해 제안된 수정안에 이의가 없습니다.
We have no objection to the amendment proposed by the board.

우리는 그 시설을 조사하는 권한을 위원회에 주는 것에 이의가 없습니다.
We have no objection to authorizing the committee to inspect the facilities.

Step 2 Situation Dialog

A What do you think of the new regulations?
B **We have no objection to** them in principle.

A 새 규정에 관해서는 어떻게 생각하십니까?
B 우리는 원칙적으로는 그것들에 이의가 없습니다.

Step 3 Exercise

a. 우리는 그 프로젝트를 진행하는 것에 이의가 없습니다.
_____

b. 우리는 회의에서 도달한 합의에 이의가 없습니다.
_____

The last thing we want to do is~

우리는 ~은 원하지 않습니다

직역은 '우리가 가장 원하지 않는 일은 ~입니다'이다. 계약을 위한 협상 중에 피하고 싶은 것 또는 원하지 않는 사항이 무엇인지 밝히는 표현이다.

Step 1 Basic Pattern

우리는 마감 날짜를 놓치고 싶지는 않습니다.
The last thing we want to do is to miss the deadline.

우리는 종업원들을 해고하는 일은 피하고 싶습니다.
The last thing we want to do is to lay off employees.

우리는 결정을 번복하는 일은 피하고 싶습니다.
The last thing we want to do is to reverse the decision.

우리는 가동을 중단하는 것은 피하고 싶습니다.
The last thing we want to do is to shut down operations.

우리는 제품의 생산을 중단하는 일은 피하고 싶습니다.
The last thing we want to do is to suspend the production of the item.

Step 2 Situation Dialog

A Is there any room left for further negotiation on price?
B We are sorry but **that is the last thing we want to do**.

A 가격에 대해 더 협상할 여지가 있나요?
B 죄송합니다만, 그것은 저희가 원하지 않는 일입니다.

Step 3 Exercise

a. 우리는 시간을 낭비하고 싶지는 않습니다.
___

b. 우리는 거래가 중단되는 일은 피하고 싶습니다. (the breakdown of the deal)
___

Pattern 137

We agreed~ / We reached an agreement~

● MP3 137 ●

우리는 ~에 합의했습니다

어떤 사항에 관해 합의를 이루었음을 밝히는 표현이다. 단순 과거 시제 또는 현재 완료 시제를 사용하여 상황이 과거에 일어났거나 완료되었다는 것을 나타낸다.

Step 1 Basic Pattern

우리는 계약 조건에 합의했습니다.
We agreed on the terms of the contract.

우리는 주된 쟁점에 관해 합의에 도달했습니다.
We reached an agreement on the main issues.

우리는 양측이 받아들일 수 있는 합의에 도달했습니다.
We reached an agreement acceptable to both sides.

우리는 추가적 논의를 위해 곧 다시 만난다는 잠정적 합의에 도달했습니다.
We reached a tentative agreement to meet again shortly for further discussions.

우리는 다음 달 동경에서 합동 회의를 연다는 합의에 도달했습니다.
We reached an agreement to hold a joint meeting in Tokyo next month.

Step 2 Situation Dialog

A   How are the merger talks going?
B   **We agreed** to meet again for further talks next week.

A   합병 논의는 어떻게 진행되고 있나요?
B   우리는 추가 논의를 위해 다음 주 다시 만나기로 합의했습니다.

Step 3 Exercise

a. 우리는 기본 조항에 대한 합의에 도달했습니다. (the fundamental terms and conditions)

b. 우리는 청정 에너지 기술에 투자하기 위한 합의에 도달했습니다. (clean energy technology)

Pattern 138 ~go into effect

~효력을 발생합니다

규정이나 법안의 효력이 발생하는 것을 의미한다. 유사한 표현으로 come into effect, take effect, come into force 등이 있다.

Step 1 Basic Pattern

그 규정은 다음 주 효력을 발생합니다.
The regulation **goes into effect** next week.

그 합의는 즉시 효력을 발생합니다.
The agreement will **go into effect** immediately.

새 가격은 12월 15일 효력을 발생합니다.
The new prices will **go into effect** on December 15.

새로운 규정은 지정된 날짜에 효력을 발생할 것입니다.
The new regulations will **come into effect** on the date specified.

계약은 양측의 서명과 함께 효력을 발생할 것입니다.
The contract will **go into effect** with the signatures of both parties.

Step 2 Situation Dialog

A Have the new schedules come out?
B Yes, they have and will **come into effect** next month.

A 새 일정표가 나왔나요?
B 네, 나왔습니다. 그리고 다음 달부터 시행될 것입니다.

Step 3 Exercise

a. 규정은 8월부터 효력을 발생합니다.

b. 합의는 이사회의 승인과 함께 효력을 발생할 것입니다. (the approval of the board)

The contract is valid for~ / The contract is valid only if~

◦ MP3 139 ◦

계약은 ~동안 유효합니다 / 계약은 ~한 경우에만 유효합니다

'유효하다' 또는 '효력이 있다'라는 의미이다. 효력이 발생하는 시기나 시점을 나타낼 때는 for 또는 until을, 조건이나 단서를 나타낼 때는 if 또는 only if를 사용한다.

Step 1 Basic Pattern

계약은 일 년 동안 유효합니다.
The contract is valid for one year.

이 합의는 내년 3월까지 유효합니다.
This agreement is valid until next March.

계약은 양측이 서명을 했을 때 유효합니다.
The contract is valid when it is signed by both parties.

계약은 위 조건들이 충족되었을 경우에만 유효합니다.
The contract is valid only if the above conditions are met.

계약은 양측이 동등한 조건으로 투자에 동의했을 경우에만 유효합니다.
The contract is valid only if both parties agree to invest on equal terms.

Step 2 Situation Dialog

A How long is the contact for?
B **It is valid for** three years and can be terminated with one month's notice by either party.

A 계약 기간은 얼마나 되나요?
B 계약은 3년 동안 유효합니다. 그리고 어느 한쪽이 한 달 전에 통보하면 종결될 수 있습니다.

Step 3 Exercise

a. 계약은 이달 말까지 유효합니다.

_____

b. 합의는 양측이 모든 필요한 정보를 제공했을 경우에만 유효합니다.

_____

Unit 20. 계약   **201**

The contract expires~ / The contract can be terminated~

MP3 140

계약은 ~에 종료됩니다 / ~계약은 종료될 수 있습니다

계약이 종료되는 시기 및 단서 조항에 관한 표현이다.

Step 1 Basic Pattern

계약은 5월 7일 종료됩니다.
The contract expires on May 7.

계약은 9월 말에 종료됩니다.
The contract expires at the end of September.

현재의 계약은 내년 1월에 종료됩니다.
The current contract expires in January next year.

계약은 상호 합의에 의해 종료될 수 있습니다.
The contract can be terminated by way of a mutual agreement.

계약은 서면 또는 구두에 의한 한 달 전 통보에 의해 종료될 수 있습니다.
The contract can be terminated with one month's notice in writing or verbally.

Step 2 Situation Dialog

A Your contract is going to expire soon, isn't it?
B Yes, **the contract expires** at the end of July, and we have decided not to renew it.

A 계약이 끝날 때가 되었지요, 그렇지 않아요?
B 네, 계약은 7월 말에 종료됩니다. 그리고 계약 연장은 하지 않기로 했어요.

Step 3 Exercise

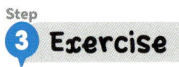

a. 계약은 어느 한 쪽이 한 달 전에 통지하면 종료될 수 있습니다.

_____

b. 계약은 어느 한 쪽이 의무를 지키지 않으면 종료됩니다. (fails to fulfil)

_____

Pattern 141: The contract can be renewed~

MP3 141

계약은 ~연장될 수 있습니다

계약 연장의 가능성, 기간, 및 조건에 관한 표현이다. 기간을 나타낼 때는 전치사 for를, 조건을 나타낼 때는 전치사 with와 by 그리고 접속사 if와 unless 등을 사용할 수 있다.

Step 1 Basic Pattern

계약은 1년 더 연장될 것입니다.
The contract will be renewed for another year.

계약은 매 3년마다 연장될 수 있습니다.
The contract can be renewed every three years.

계약은 필요하다면 1년 더 연장될 수 있습니다.
The contract can be renewed for a further year if it is necessary.

이 합의는 양측의 상호 승인에 의해 연장될 수 있습니다.
This agreement can be renewed by mutual consent of both parties.

계약은 서면 통지가 주어지지 않으면 자동적으로 연장될 것입니다.
The contract will automatically be renewed unless a written notification is given.

Step 2 Situation Dialog

A Can I renew the contract?
B **Your contract can be renewed** if we are satisfied with your work.

A 계약을 연장할 수 있나요?
B 만약 우리가 귀하의 작업에 만족한다면 계약을 연장시킬 수 있습니다.

Step 3 Exercise

a. 지정한 조건이 만족한다면 귀하의 계약은 연장될 것입니다. (the specified conditions)

_____

b. 이 합의는 기간이 종료되었을 때 5년 더 연장시킬 수 있습니다. (at the end of each term)

_____

Unit 20. 계약   **203**

Unit Exercise

다음 문장을 영어로 표현하시오.

1. 우리는 마감 기한을 연장할 의향이 있습니다. (the extension of the deadline)

2. 우리는 원칙적으로는 그 제안에 이의가 없습니다.

3. 우리는 계약을 종료하는 일은 피하고 싶습니다.

4. 우리는 수정된 계약 조항에 대한 합의에 도달했습니다.
   (the revised terms and conditions of)

5. 새 규정은 내년 초에 효력을 발생할 것입니다.

6. 계약은 3년 동안 유효하며 어느 한쪽에 의해 언제라도 종결될 수 있습니다.
   (at any time)

7. 현재 계약은 금요일 종료됩니다. 그리고 우리는 계약을 1년 더 연장하기로 동의하였습니다. (agree to extend)

8. 계약은 어느 한쪽이 종료 통보를 주지 않으면 연장될 것입니다.
   (notice of termination)

Unit 21.
불만 사항

142 We are not satisfied with your products.
우리는 귀하의 제품에 만족하지 않습니다.

143 I am disappointed with your service.
우리는 귀사의 서비스에 실망했습니다.

144 I have a few complaints about this product.
저는 이 제품에 대해 몇 가지 불만이 있습니다.

145 The calculator I bought yesterday is out of order.
어제 구입했던 계산기가 고장 났습니다.

146 The kettle I ordered has arrived damaged.
주문한 주전자가 파손되어 배달되었습니다.

147 Damage occurred to the package during delivery.
배송 도중 소포가 손상되었습니다.

148 The outer wrapping has been ripped open.
외부 포장이 찢어져 열려 있습니다.

149 I'd like to get a full refund for these faulty goods.
이 결함이 있는 상품들에 대한 환불을 받고 싶습니다.

We are not happy with~ / We are not satisfied with~

• MP3 142 •

우리는 ~에 만족하지 않습니다

제품이나 서비스가 만족스럽지 못함을 나타내는 표현이다. 불만 사항을 표현하는 대화의 서두에 사용하는 문장으로 적합하다.

Step 1 Basic Pattern

우리는 귀하의 서비스에 만족하지 않습니다.
We are not happy with your service.

우리는 귀하의 제품에 만족하지 않습니다.
We are not satisfied with your products.

우리는 귀하가 제시한 옵션에 만족하지 않습니다.
We are not satisfied with the options you suggest.

우리는 귀사의 응답 속도에 만족하지 않습니다.
We are not satisfied with the speed of your response.

우리는 귀사의 직원들의 전반적인 서비스 수준에 만족하지 않습니다.
We are not satisfied with the overall service level of your staff.

Step 2 Situation Dialog

A **I am not satisfied with** the work performance of your staff.
B Please tell me what the problem is and what I can do about it.

A 나는 귀사의 직원들의 업무 수행에 만족하지 않습니다.
B 문제가 무엇인지 그리고 그것에 관해 제가 무엇을 해드릴 수 있는지 알려주세요.

Step 3 Exercise

a. 우리는 귀사의 제품의 품질에 만족하지 않습니다.
   _____

b. 우리는 귀사가 제안하는 해결책에 만족하지 않습니다. (solution)
   _____

Pattern 143

**I am disappointed with~ /
We would like to express
our disappointment at (from)~**

◦ MP3 143 ◦

~에 실망했습니다

제공된 서비스나 업무 결과에 대한 실망감을 나타내는 표현이다. 사람을 주어로 했을 때 동사 disappoint는 수동형 구문을 사용해야 한다. 전치사는 with 외에 at이나 by 등이 올 수 있다.

Step 1 Basic Pattern

우리는 귀사의 서비스에 실망했습니다.

I am disappointed with your service.

우리는 그 제품의 낮은 품질에 실망했습니다.

We are disappointed with the poor quality of the product.

우리는 귀사가 우리에게 보낸 제품의 상태에 실망했습니다.

We are disappointed with the condition of the product you sent us.

우리는 귀사의 불만족스러운 서비스 수준에 실망감을 표하고자 합니다.

We would like to express our disappointment of your unsatisfactory level of service.

우리는 이 프로젝트를 진행하는 동안 귀하의 업무 수행에 실망감을 표하고자 합니다.

We would like to express our disappointment at your performance during this project.

Step 2 Situation Dialog

A   **We are disappointed at** the result of your work.
B   I am sorry to hear that, but if you are not satisfied with the result, we'll work on it again.

A   우리는 귀하의 작업 결과에 실망했습니다.
B   죄송합니다. 결과에 만족하지 않으신다면 작업을 다시 하겠습니다.

Step 3 Exercise

a. 우리는 귀사의 고객 서비스에 대단히 실망했습니다.

_____

b. 우리는 귀사의 반복적인 배송 지연에 실망감을 표하고자 합니다. (repeated delivery delays)

_____

Pattern 144

I have a complaint about~ / I'd like to complain about~ / I'd like to make a complaint about~

• MP3 144

~에 대한 불만이 있습니다

구체적인 불만 사항을 설명하기 위해 사용하는 구문이다. 전치사는 about 외에 on이나 of를 사용할 수 있다.

complain about vs complain of
상품이나 서비스에 대한 불평이나 불만을 나타낼 때는 about을 쓰는 것이 일반적이다. 불편을 야기시키거나, 그 불편에 대한 책임이 있는 사람 또는 단체에게 그 사항을 설명할 때 사용한다(제품의 판매자나 제조업자 또는 서비스 센터 등). 이에 반해 of는 병이나 통증을 의사에게 설명하거나, 불만 또는 불편 사항을 민원 단체나 부서에 신고하는 경우 사용할 수 있다. complain of chest pain '가슴 통증을 호소하다', complain of noise late at night '늦은 밤의 소음에 항의하다'

Step 1 Basic Pattern

저는 귀사의 직원에 대해 불만이 있습니다.   **I have a complaint about** your staff.

저는 이 제품에 대해 몇 가지 불만이 있습니다.
I have a few complaints about this product.

저는 귀하의 상점에서 구입한 믹서기에 관해 불만을 제기하고자 합니다.
I'd like to complain about the blender I bought at your store.

저는 귀하의 상점에서 구입한 휴대폰에 관해 불만을 제기하고자 합니다.
I'd like to complain about the mobile phone I bought from your store.

저는 귀하의 식당에서 받았던 질 낮은 서비스에 관해 불만을 제기하고자 합니다.
I'd like to complain about the poor service I received at your restaurant.

Step 2 Situation Dialog

A **I have a complaint about** an item I bought here last Friday.
B Could you please tell me what the problem is?

A 지난 금요일 여기서 구입했던 제품에 대해 불만이 있습니다.
B 어떤 문제인지 말씀해주시겠어요?

Step 3 Exercise

a. 지난주 온라인으로 구입했던 헤드폰에 관해 불만을 제기합니다.

b. 귀하의 직원중 한 사람에게 제가 받았던 서비스에 관해 불만을 제기하고 싶습니다.

Pattern 145. ~is not working / ~is out of order / ~does not function

~이 작동하지 않습니다

구입한 제품이 고장 났거나 제대로 작동하지 않을 때 사용하는 표현이다. 세 가지 표현 모두 '고장이 나다' 또는 '작동하지 않는다'라는 뜻으로 서로 의미상의 차이는 거의 없다.

Step 1 Basic Pattern

노트북 터치 패드가 작동하지 않습니다.
My laptop touchpad **is not working**.

어제 구입했던 계산기가 고장 났습니다.
The calculator I bought yesterday i**s out of order**.

지난주 귀하가 설치했던 에어컨이 제대로 작동하지 않습니다.
The air conditioner you installed last week **does not work** well.

지난 달 귀하의 상점에서 구입했던 복사기가 제대로 작동하지 않습니다.
The photocopier I bought at your store last month **does not work** properly.

지난주 여기서 구입했던 리모컨이 제대로 기능하지 않습니다.
The remote control I bought here last week **does not function** in any satisfactory way.

* in any satisfactory way 제대로, 만족스럽게

Step 2 Situation Dialog

A My GPS device **does not function** correctly.
B It's still under warranty, so we'll fix it free of charge.

A GPS가 정확하게 기능하지 않습니다.
B 아직 보증기간이 남아 있군요. 저희가 무료로 고쳐드리겠습니다.

Step 3 Exercise

a. 라운지에 있는 자판기가 고장 났습니다

b. 지난주 구입했던 헤드폰이 제대로 작동하지 않습니다.

Unit 21. 불만 사항   **209**

~arrived damaged

~이 파손된 채 배달되었습니다

배송된 상품이 파손되어 도착했을 때 사용하는 표현이다. Unit 17에서 학습했던 파손 또는 분실 표현과 함께 연결시켜 사용할 수 있다. *Unit 17. Pattern 117 & 118 참고

Step 1 Basic Pattern

주문한 물품이 파손되어 배달되었습니다.
My order has **arrived damaged**.

주문한 주전자가 파손되어 배달되었습니다.
The kettle I ordered has **arrived damaged**.

주문한 제품이 배송 도중 파손되어 배달되었습니다.
The product I ordered has **arrived damaged** during delivery.

온라인으로 구매한 사진 액자가 배송 도중 파손되어 배달되었습니다.
The picture frame I bought online has **arrived damaged** during shipping.

소포가 파손되어 배달되었으며 내용물 중 일부가 분실되었습니다.
The package has **arrived damaged** and some of its contents are missing.

Step 2 Situation Dialog

A I received my order this morning but it **has been damaged** during delivery.

B We are really sorry for that. Please return the damaged item to our store. We will send you a refund or replacement whichever you prefer.

A 주문한 물품을 오늘 아침에 받았지만 배송 중 파손되었습니다.

B 대단히 죄송합니다. 저의 상점으로 파손된 제품을 돌려 보내 주십시오. 환불이나 교체 중 어느 쪽이든 원하시는대로 해드리겠습니다.

Step 3 Exercise

a. 온라인으로 구매한 헤어 드라이어가 파손되어 배달되었으며 작동을 하지 않습니다.

_____

b. 귀사의 온라인 상점에서 구매한 사진기가 배송 도중 파손되었습니다.

_____

Pattern 147: Damage has occurred to~

~이 손상되었습니다

배송 도중 충격이나 마찰에 의해 상품 또는 그 상품의 외부 포장이 파손되었을 때 사용할 수 있는 표현이다.

Step 1 Basic Pattern

소포가 손상되었습니다.
Damage occurred to the package.

배송 상자가 파손되었습니다.
Damages occurred to the shipping crate.

배송 도중 소포가 손상되었습니다.
Damage occurred to the package during delivery.

배송 도중 소포가 손상되었으며 일부 품목들이 분실되었습니다.
Damage has occurred to the package in transit and some items are missing.

배송 도중 소포가 손상되었으며 내용물 중 일부가 부숴졌습니다.
Damage has occurred to the package during its shipment and some of its contents are broken.

* in transit 운송 중에, 운반 도중에 (during delivery나 during shipping과 같은 뜻)

Step 2 Situation Dialog

A My order arrived today, but I found that some **damage has occurred to** the package in its shipment.

B I am sorry to hear that. Was there anything lost or damaged?

A 오늘 주문한 상품을 받았습니다. 그러나 배송 도중 소포가 손상되었습니다.
B 죄송합니다. 분실되었거나 파손된 것이 있나요?

Step 3 Exercise

a. 배송 도중 배송 상자가 파손되었습니다. (shipping crate)

_____

b. 배송 도중 소포가 손상되었으며 일부 품목이 분실 된 것을 발견했습니다. (in transit / lost)

_____

Pattern 148. ~was ripped open

~이 찢어져 열렸습니다

MP3 148

운송 중에 포장이 찢어져 열려 있는 제품을 받았을 경우 사용하는 표현이다. Pattern 147의 '손상'보다는 좀 더 구체적으로 포장의 상태를 설명한다.

Step 1 Basic Pattern

포장이 찢어져 열려 있습니다.
The packaging was ripped open.

외부 포장이 찢어져 열려 있습니다.
The outer wrapping has been ripped open.

소포의 상단 봉인이 찢어져 열려 있습니다.
The top seal of the package has been ripped open.

외부 포장이 배송 중 파손되어 열렸으며 내용물이 분실되었습니다.
The outer package has been ripped open during delivery and the contents are missing.

외부 박스의 아래 부분이 찢어져 열려 있으며 내용물의 일부가 분실되었습니다.
The outer box was ripped open at the bottom and some of its contents are missing.

Step 2 Situation Dialog

A I received my package this morning, but the outer package **was ripped open** with some of its contents missing.

B I apologize. Please let us know what is missing. We will send you replacements immediately.

A 오늘 아침 소포를 받았습니다만, 외부 포장이 찢어져 열려 있었으며 내용물 일부가 분실되었습니다.
B 죄송합니다. 무엇이 분실되었는지 알려주십시오. 즉시 교체품을 보내드리겠습니다.

Step 3 Exercise

a. 외부 박스가 찢어져 열려져서 도착했습니다. (on arrival)

b. 외부 포장이 배송 중에 찢어져 열린 상태입니다. (has been ripped open)

I'd like to get a refund~ / I'd like to get my money back~

MP3 149

~을 환불을 받고 싶습니다

제품 또는 서비스가 만족스럽지 않아 환불을 요청하는 표현이다. 교체품을 원할 때는 replacement를 사용한다.

Step 1 Basic Pattern

이 토스트기에 대해 환불을 받고 싶습니다.
I'd like to get a refund on this toaster.

저의 항공권을 환불 받고 싶습니다.
I'd like to get a refund for my airline tickets.

이 결함이 있는 상품들에 대한 환불을 받고 싶습니다.
I'd like to get a full refund for these faulty goods.

귀하의 질 낮은 서비스에 대해 환불을 받고 싶습니다.
I'd like to get my money back for your poor service.

이 결함이 있는 제품에 대해 환불이나 교체품을 받고 싶습니다.
I'd like to get a refund or replacement on this defective product.

Step 2 Situation Dialog

A The item I ordered has arrived damaged. Therefore, **I'd like to request a refund** or replacement.

B We apologize for the error. We will send you a replacement immediately by overnight courier.

A 주문했던 상품이 손상되어 도착했습니다. 그래서, 환불이나 교체품을 요청합니다.
B 실수에 대해 사과 드립니다. 특급 우편으로 즉시 교체품을 보내드리겠습니다.

Step 3 Exercise

a. 가능하다면, 환불을 받고 싶습니다.
_____

b. 저의 주문을 취소하고 그것에 대한 환불을 받고 싶습니다.
_____

Unit Exercise

다음 문장을 영어로 표현하시오.

1. 우리는 귀사가 제안하는 배상에 만족하지 않습니다. (compensation)

2. 우리는 귀하의 상점에서의 질 낮은 그리고 무례한 고객 서비스에 실망했습니다.

3. 지난 주말 제가 이용했던 귀하의 출장 연회 서비스에 관해 불만을 제기하고자 합니다. (catering service / hire)

4. 지난 달 구입했던 청소기가 지난주부터 고장 났습니다.

5. 주문한 물품이 배송 도중 파손되어 배달되었다는 것을 알았습니다. (I found that)

6. 배송 도중 소포가 손상되었으며 내용물이 물에 젖었습니다. (wet)

7. 소포가 손상되어 도착했습니다. 외부 박스는 찢어져 열려 있고 내용물은 분실되었습니다.

8. 온라인으로 구매한 알람시계가 작동하지 않습니다. 그래서 환불을 받고 싶습니다.

Unit 22.
출장 및 여행

150　I am going on a business trip to New Delhi.
　　나는 뉴델리로 출장을 갑니다.
151　I'd like to book a flight to London.
　　나는 런던행 항공편을 예약하고 싶습니다.
152　I'd like to reschedule my flight for Wednesday.
　　월요일 항공편을 재조정하고 싶습니다.
153　I'd like to confirm my flight for next Friday.
　　다음 주 금요일 항공편을 확인하고 싶습니다.
154　What time does the flight from Sidney arrive?
　　시드니에서 출발한 항공기는 몇 시에 도착하나요?
155　I am here to attend a business meeting.
　　비즈니스 회의에 참석하고자 이곳에 왔습니다.

Pattern 150

I am going on a business trip to~ / I will be out of office~

● MP3 150 ●

~로 출장을 갑니다 / ~사무실 자리를 비웁니다

출장을 가거나 또는 자리를 비운다는 것을 알리는 표현이다. 장소나 목적지는 to 또는 for로, 날짜는 on 그리고 기간은 from ~to 또는 until 등을 사용한다.

Step 1 Basic Pattern

나는 뉴델리로 출장을 갑니다.
I am going on a business trip to New Delhi.

나는 멕시코시티로 출장을 갑니다.
I am going to Mexico City **on a business trip**.

나는 이번 달에 동경으로 출장을 갑니다.
I'll be going on a business trip to Tokyo this month.

나는 월요일에서 목요일까지 사무실 자리를 비울 것입니다.
I will be out of the office from Monday until Thursday.

나는 상하이에서 열리는 컨퍼런스에 참석하느라 사무실 자리를 비울 것입니다.
I will be out of the office attending a conference in Shanghai.

Step 2 Situation Dialog

A **I will be out of the office** on business travel to London.
B When are you coming back?
A I will be back on Monday.

A 나는 런던 출장으로 인해 사무실을 비울 것입니다.
B 언제 돌아 오시나요?
A 월요일에 돌아 올 거예요.

Step 3 Exercise

a. 나는 3월 12일까지 사무실 자리를 비울 것입니다.

b. 나는 이달 말에 텍사스로 출장을 갑니다.

Pattern 151

I'd like to book a flight to~ / I'd like to make a reservation for a flight to~

◦ MP3 151 ◦

~행 항공편을 예약하고 싶습니다

항공편을 예약하기 위한 표현이다. 목적지는 to나 for를 사용한다. 날짜는 on, 시간은 at으로 연결시킨다.

Step 1 Basic Pattern

나는 런던행 항공편을 예약하고 싶습니다. **I'd like to book a flight to** London.

나는 금요일 방콕행 항공편을 예약하고 싶습니다.
I'd like to book a flight to Bangkok on Friday.

나는 11월 24일 베이징행 항공편을 예약하고 싶습니다.
I'd like to reserve a flight to Beijing on November 24th.

나는 5월 15일 나고야행 항공편을 예약하고 싶습니다.
I'd like to make a flight reservation for Nagoya on May 15th.

나는 귀 항공사의 다음 항공편 두 장을 예약하고 싶습니다.
I'd like to make a flight reservation on your next flight for two persons.

동사 reserve와 명사 reservation은 항공편 예약뿐 아니라 숙소나 식당의 테이블을 예약할 때도 사용할 수 있다.
- I'd like to make a reservation for dinner. 저녁 식사를 위한 예약을 하고 싶습니다.
- I'd like to make a reservation for a double room. 2인실 예약을 하고 싶습니다.

Step 2 Situation Dialog

A **I'd like to make a flight reservation** to Chicago on Monday.
B We have two flights to Chicago on Monday, one at 7:15 A.M. and the other at 6:30 P.M. Would you rather leave in the morning or the afternoon?

A 월요일발 시카고행 항공권을 예약하고 싶습니다.
B 월요일 시카고행 비행기는 두 편이 있습니다. 하나는 오전 7시 15분에 있고, 다른 하나는 오후 6시 30분에 있습니다. 오전에 출발하시겠습니까, 아니면 오후에 출발하시겠습니까?

Step 3 Exercise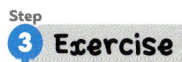

a. 나는 월요일 서울발 도쿄행 항공편을 예약하고 싶습니다.

_____

b. 나는 귀 항공사의 LA행 다음 항공권을 예약하고 싶습니다.

_____

Pattern 152

**I'd like to change my flight time~ /
I'd like to change my reservation~,
I'd like to reschedule my reservation~**

MP3 152

~항공편 시간을 바꾸고 싶습니다 / ~예약을 바꾸고 싶습니다

이미 예약한 비행편이나 여행 일정을 변경하고자 할 때 사용할 수 있는 표현이다.

Step 1 Basic Pattern

항공편 시간을 바꾸고 싶습니다.
I'd like to change my flight time.

수요일 항공편을 재조정하고 싶습니다.
I'd like to reschedule my flight for Wednesday.

6월 10일로 예약된 항공편 시간을 변경하고 싶습니다.
I'd like to change my flight reservation for June 10th.

나의 항공편을 이코노미에서 비즈니스석으로 등급을 올리고 싶습니다.
I'd like to upgrade my flight ticket from economy to business class.

내일 항공편 시간을 모레로 바꿀 수 있을까요?
Could you change my flight time for tomorrow to the day after tomorrow?

Step 2 Situation Dialog

A **I'd like to reschedule** my flight to Los Angeles.
B How would you like to change it?
A Is it possible to fly on the 10th of May, instead of the 12th?

A LA행 항공편의 시간을 재조정하고 싶습니다.
B 어떻게 바꾸고 싶으신가요?
A 5월 12일 대신 10일 출발이 가능할까요?

Step 3 Exercise

a. 항공편을 변경할 수 있을까요? 하루 일찍 출발하고 싶습니다.

___

b. 화요일로 예약된 항공편을 목요일로 바꾸고 싶습니다.

___

Pattern 153

I'd like to confirm my flight reservation~ / I'd like to confirm my room reservation~

MP3 153

~항공권 예약을 확인하고 싶습니다 / ~객실 예약을 확인하고 싶습니다

항공편 예약을 확인하거나 확정하는 표현이다. 호텔 객실 예약을 확인할 때도 동일한 구문을 사용할 수 있다.

Step 1 Basic Pattern

다음 주 금요일 항공편을 확인하고 싶습니다.
I'd like to confirm my flight for next Friday.

이번 주말 객실 예약을 확인하고 싶습니다.
I'd like to confirm my room reservation for this weekend.

내일 항공편 예약을 확인하고 싶습니다.
I'd like to confirm my reservations for my flight tomorrow.

1월 12일 객실 2개에 대한 예약을 확인하고 싶습니다.
I'd like to confirm my reservation for two rooms on January 12.

다음 주 두바이행 항공편 예약을 확인하고 싶습니다.
I'd like to confirm my reservation for a flight to Dubai next week.

Step 2 Situation Dialog

A **I'd like to confirm my flight reservation** to Washington tomorrow.
B Could you tell me your name, please?

A 내일 워싱턴행 항공편 예약을 확인하고 싶습니다.
B 성함을 말씀해주시겠습니까?

Step 3 Exercise

a. 화요일 뉴욕행 항공편 예약을 확인하고 싶습니다.

_____

b. 5월 5일에서 7일까지의 객실 예약을 확인하고 싶습니다. (for~through)

_____

What time does the flight~? / When is the flight going to~? / What time does the train~?

• MP3 154 •

비행기는(기차는) 몇 시에 ~하나요?

항공편 출발 및 도착 시간에 관해 문의할 때 사용할 수 있는 표현이다. 기차나 버스 시간을 묻는 경우에도 그대로 적용할 수 있다.

시드니에서 출발한 항공기는 몇 시에 도착하나요?
What time does the flight from Sidney arrive?

캘리포니아에서 출발한 비행기는 언제 도착하나요?
When is the flight from California going to arrive?

뉴욕행 비행기는 몇 시에 출발하나요?
What time does the flight to New York leave?

베이징행 비행기는 몇 시에 런던에서 출발하나요?
What time does the flight to Beijing leave London?

부다페스트에서 출발한 기차는 몇 시에 비엔나에 도착하나요?
What time does the train from Budapest arrive in Vienna?

Step 2 Situation Dialog

A **When is the next flight** to London going to leave?
B The next flight to London leaves tomorrow at 7:30 P.M.

A 런던행 다음 비행기는 언제 출발하나요?
B 런던행 다음 비행기는 내일 오전 7시 30분에 출발합니다.

Step 3 Exercise

a. 맨체스터행 비행기는 언제 출발합니까?
_____

b. 시카고행 기차는 몇 시에 출발합니까?
_____

I am here for~ / I am here to~ / The purpose of my visit is to~

◦ MP3 155 ◦

저의 방문 목적은 ~입니다

어떤 장소나 지점을 방문한 목적을 설명하는 표현이다. 공항의 입국 심사대 또는 그 외 다른 곳에서 자신의 방문 목적을 설명해야 할 필요가 있는 경우 사용할 수 있는 표현이다.

Step 1 Basic Pattern

비즈니스 세미나 때문에 이곳에 왔습니다.
I am here for a business seminar.

비즈니스 회의에 참석하고자 이곳에 왔습니다.
I am here to attend a business meeting.

고객과 사업 거래를 논의하기 위해 이곳에 왔습니다.
I am here to discuss a business deal with my client.

나의 방문 목적은 이곳의 지역 컨퍼런스에 참석하기 위한 것입니다.
The purpose of my visit is to attend a regional conference here.

나의 방문 목적은 워싱턴에서 열리는 국제 무역 박람회에 참석하기 위한 것입니다.
The purpose of my visit is to attend an international trade fair in Washington.

Step 2 Situation Dialog

A What's the purpose of your visit?
B **I am here to** attend a business conference at the Hilton Hotel.

A 방문 목적은 무엇인가요?
B 힐튼 호텔에서 열리는 비즈니스 컨퍼런스 참석차 이곳에 왔습니다.

Step 3 Exercise

a. 취업 인터뷰 때문에 여기 왔습니다.
_____

b. 기자 회견에 참석차 이곳에 왔습니다. (a press conference)
_____

Unit 22. 출장 및 여행 **221**

Unit Exercise

다음 문장을 영어로 표현하시오.

1. 나는 금요일에 사무실 자리를 비울 것이고, 화요일에 돌아 옵니다.

2. 나는 파리행 항공편을 예약하고 싶습니다.

3. 이번 토요일로 예약된 항공편의 시간을 변경하고 싶습니다. (make changes to)

4. 금요일 로마행 항공편 예약을 확인하고 싶습니다.

5. 보스턴행 열차는 몇 시에 출발합니까?

6. 나는 사업 파트너와 새로운 투자 계획을 논의하기 위해 이곳에 왔습니다.
   (a new investment plan)

Unit 23.
교통 이용 및 장소 찾기

156 Can you tell me how I get to the city hall?
시청으로 가는 길을 알려주시겠습니까?

157 Which direction is it to the post office?
우체국은 어느 방향에 있나요?

158 Which bus goes to the convention center?
어느 버스가 컨벤션센터로 가나요?

159 Where do I get off to go to the airport?
공항으로 가려면 어디서 내려야 하나요?

160 How many stops are there before Fifth Avenue?
5번가까지는 몇 정거장 남았습니까?

161 How long will it take to get to the shopping mall?
쇼핑센터까지 가려면 얼마나 걸릴까요?

162 How much is the fare to the city hall?
시청까지 요금은 얼마인가요?

163 Would you take me to the convention center?
컨벤션센터까지 데려다 주시겠어요?

Can you tell me how I can get to~? / Can you show me the way to~?

• MP3 156 •

~까지 가는 길을 알려 주시겠습니까?

길이나 목적지까지 가는 방법을 묻는 가장 일반적인 표현이다. Can 대신 could나 would를 사용할 수 있으며, please를 문장의 중간 또는 끝에 첨가하면 표현이 더 공손해진다.

Step 1 Basic Pattern

시청으로 가는 길을 알려주시겠습니까?
Can you tell me how I get to the city hall?

플라자 호텔로 가는 길을 알려주시겠습니까?
Can you tell me how I get to the Plaza Hotel?

기차역으로 가는 길을 알려주시겠습니까?
Can you tell me how I get to the train station?

세인트 메리 병원으로 가는 길을 알려주시겠습니까?
Could you show me the way to St Mary's Hospital?

가까운 지하철역으로 가는 길을 알려주시겠습니까?
Could you show me the way to the nearest subway station?

Step 2 Situation Dialog

A Excuse me, **can you tell me how I get to** the city museum?
B Sure, cross the street and take bus no. 11 at the bus stop. Tell the driver you want to go to the city museum.

A 시립박물관으로 가는 길을 알려주시겠습니까?
B 도로를 건너서, 버스 정류소에서 11번 버스를 타세요. 그리고 버스 기사에게 시립박물관에 가기를 원한다고 말씀하세요.

Step 3 Exercise

a. 시립 도서관으로 가는 길을 알려 주시겠습니까?
___

b. 컨벤션센터로 가는 길을 알려 주시겠습니까?
___

Pattern 157

Which way is it to~?, Which direction is it to~? / Which exit should I take to get to~?

~는 어느 길인가요? / ~로 가려면 몇 번 출구로 가야 하나요?

목적지로 가는 방향을 묻는 질문이다. 특히 exit는 지하철이나 넓은 지하도 안에서 어느 출구로 나가야 할지 방향을 찾지 못할 때 사용하는 표현이다. Do you know~ 또는 Can you tell me~ 등의 표현과 함께 사용하는 것도 좋다.

Step 1 Basic Pattern

퀸 스트리트는 어느 길인가요?
Which way is it to Queen Street?

프린스 에브뉴는 어느 길인가요?
Which way is it to Prince Avenue?

우체국은 어느 방향에 있나요?
Which direction is it to the post office?

시내는 어느 방향에 있나요?
Which direction is it to the town center?

에펠탑으로 가려면 어느 출구로 나가야 하나요?
Which exit should I take to get to the Eiffel Tower?

Step 2 Situation Dialog

A Can you please tell me **which direction it is to** the city bank?
B OK, it is not far from here. Go straight ahead down this street, and turn left at the traffic lights. You will see a red brick building on your right, which is the city bank.

A 시티은행이 어느 방향인지 말씀해주시겠어요?
B 그러죠, 여기서 멀지 않아요. 길을 따라 똑바로 내려 가세요. 그리고 신호등에서 왼쪽으로 회전하세요. 오른쪽에 붉은 벽돌 건물을 보일 겁니다. 그 건물이 시티은행입니다.

Step 3 Exercise

a. 마을회관은 어느 방향에 있나요? (the village hall)

_____

b. 63빌딩으로 가려면 어느 출구로 나가야 하나요?

_____

Pattern 158

Is there a bus that goes to~? / Which bus goes to~? / Where can I get a bus to~?

• MP3 158 •

~로 가는 버스가 있나요? / 어느 버스가 ~로 가나요? / ~로 가는 버스는 어디서 탈 수 있나요?

버스 정류장에서 목적지로 가는 버스를 찾는 표현이다. 버스가 도착했을 때, 승객이나 버스 기사에게 자신이 가고자 하는 목적지로 가는지 묻고자 할 때는 Does this bus go to~'로 물으면 된다. Does this bus go to the airport? '이 버스가 공항으로 가나요?'

Step 1 Basic Pattern

여기서 시청 가는 버스가 있나요?
Is there a bus that goes to the city hall from here?

어느 버스가 컨벤션센터로 가나요?
Which bus goes to the convention center?

몇 번 버스가 메디슨 스퀘어 가든으로 가나요?
Which bus goes to Madison Square Garden?

무역센터로 가는 버스는 어디서 탈 수 있나요?
Where can I get a bus to the Trade Center?

존 루이스 백화점으로 가는 버스는 어디서 탈 수 있나요?
Where can I get a bus to the John Lewis department store?

Step 2 Situation Dialog

A Can you please tell me **which bus goes to** the railway station?
B You can take the number 124 bus.

A 기차역으로 가는 버스가 몇 번인지 말씀해주시겠어요?
B 124번 버스를 타시면 됩니다.

Step 3 Exercise

a. 어느 버스가 시립 도서관으로 가나요?

_____

b. 국립박물관으로 가는 버스는 어디서 탈 수 있나요?

_____

Pattern 159

Where do I get off to go to~?

MP3 159

~에 가려면 어디서 내려야 하나요?

목적지로 가는 버스에 탑승 한 후, 어디서 내려야 하는지 묻는 표현이다.

Step 1 Basic Pattern

공항으로 가려면 어디서 내려야 하나요?
Where do I get off to go to the airport?

시청으로 가려면 어디서 내려야 하나요?
Where do I get off to go to the city hall?

5번가에 가려면 어디서 내려야 하나요?
Where do I get off to go to Fifth Avenue?

플라자 호텔에 가려면 어디서 내려야 하나요?
Where should I get off to go to the Plaza Hotel?

쇼핑센터에 가려면 어디서 내려야 하나요?
Where should I get off to go to the shopping mall?

Step 2 Situation Dialog

A **Where do I get off to go to** the Trade Center?
B You should get off at the next stop.

A 무역센터에 가려면 어디서 내려야 하나요?
B 다음 정류소에서 내리시면 됩니다.

Step 3 Exercise

a. 컨벤션센터에 가려면 어디서 내려야 하나요?
   _____

b. 국립박물관에 가려면 어디서 내려야 하나요?
   _____

Pattern 160: How many stops are there before~?

~까지는 몇 정거장 남았습니까?

버스에 탑승한 후 목적지까지 정류소가 몇 개 남았는지 묻는 질문이다.

Step 1 Basic Pattern

공항까지는 몇 정거장 남았습니까?
How many stops are there before the airport?

시청까지는 몇 정거장 남았습니까?
How many stops are there before the city hall?

5번가까지는 몇 정거장 남았습니까?
How many stops are there before Fifth Avenue?

플라자 호텔까지는 몇 정거장 남았습니까?
How many stops are there before the Plaza Hotel?

쇼핑센터까지는 몇 정거장 남았습니까?
How many stops are there before the shopping mall?

Step 2 Situation Dialog

A **How many stops are there before the Trade Center?**
B There are five stops.

A 무역센터까지는 몇 정거장 남았습니까?
B 다섯 정거장입니다.

Step 3 Exercise

a. 컨벤션센터까지는 몇 정거장 남았습니까?
_____

b. 국립박물관까지는 몇 정거장 남았습니까?
_____

Pattern 161. How long will it take to get to~?

~까지 가려면 얼마나 걸릴까요?

목적지까지 가는데 걸리는 시간을 묻는 질문이다. 거리를 알고 싶다면 how far~ 구문을 사용할 수 있다.

Step 1 Basic Pattern

공항까지 가려면 얼마나 걸릴까요?
How long will it take to get to the airport?

시청까지 가려면 얼마나 걸릴까요?
How long will it take to get to the city hall?

5번가까지 가려면 얼마나 걸릴까요?
How long will it take to get to Fifth Avenue?

플라자 호텔까지 가려면 얼마나 걸릴까요?
How long will it take to get to the Plaza Hotel?

쇼핑센터까지 가려면 얼마나 걸릴까요?
How long will it take to get to the shopping mall?

Step 2 Situation Dialog

A **How long will it take to get to** the Trade Center?
B It will take about 20 minutes to get there.

A 무역센터까지 가려면 얼마나 걸릴까요?
B 그곳까지는 약 20분 걸립니다.

Step 3 Exercise

a. 컨벤션센터까지 가려면 얼마나 걸릴까요?

b. 국립박물관까지 가려면 얼마나 걸릴까요?

Unit 23. 교통 이용 및 장소 찾기 **229**

How much is the fare to~?

~까지 요금은 얼마인가요?

교통편의 요금이 얼마인지 묻는 표현이다. 버스나 택시뿐만 아니라 기차 또는 항공편 요금을 문의할 때도 그대로 사용할 수 있는 구문이다. 예) How much is the airfare to Manila? '마닐라까지 항공 요금이 얼마입니까?' / How much is the bus fare? '버스 요금은 얼마인가요?'

① Basic Pattern

공항까지 요금은 얼마인가요?
How much is the fare to the airport?

시청까지 요금은 얼마인가요?
How much is the fare to the city hall?

5번가까지 요금은 얼마인가요?
How much is the fare to Fifth Avenue?

플라자 호텔까지 요금은 얼마인가요?
How much is the fare to the Plaza Hotel?

쇼핑센터까지 요금은 얼마인가요?
How much is the fare to the shopping mall?

② Situation Dialog

A **How much is the fare to the Trade Center?**
B You have to pay $4 for a single ticket, and $5 for a return ticket.

A 무역센터까지 요금은 얼마인가요?
B 편도 요금은 4달러이고 왕복 요금은 5달러입니다.

③ Exercise

a. 컨벤션센터까지 요금은 얼마인가요?
_____

b. 국립박물관까지 요금은 얼마인가요?
_____

Pattern 163. Please take me to~ / Would you take me to~? / Can you take me to~?

~로 가주세요

택시를 탄 후 기사에게 행선지를 알려주는 표현이다.

○ MP3 163 ○

Step 1 Basic Pattern

공항으로 가주세요.
Please take me to the airport.

시청으로 가주세요.
Please take me to the city hall.

플라자 호텔까지 데려다 주시겠어요?
Would you take me to the Plaza Hotel?

컨벤션센터까지 데려다 주시겠어요?
Would you take me to the convention center?

국립박물관까지 데려다 주시겠어요?
Can you take me to the National Museum?

Step 2 Situation Dialog

A   Where would you like to go?
B   **Please take me to** the Trade Center.

A   어디로 가십니까?
B   무역센터로 가주세요.

Step 3 Exercise

a. 한국 대사관으로 가주세요.

_____

b. 쇼핑센터까지 데려다 주시겠어요?

_____

Unit Exercise

다음 문장을 영어로 표현하시오.

1. 워싱턴 광장으로 가는 길을 알려 주시겠습니까? (Washington Square)

2. 5번가로 가려면 어느 출구로 나가야 하나요? (5th Avenue)

3. 여기서 쇼핑센터로 가는 버스가 있나요?

4. 메이시 백화점으로 가려면 어디서 내려야 하나요? (the Macy's department store)

5. 메이시 백화점까지는 몇 정거장 남았습니까?

6. 메이시 백화점까지 가려면 얼마나 걸릴까요?

7. 메이시 백화점까지 요금은 얼마인가요?

8. 메이시 백화점까지 데려다 주시겠어요?

Unit 24.
숙박 및 식당

164 I have reserved a room in this hotel.
이 호텔의 객실을 예약했습니다.

165 I'd like to check in for two nights.
이틀 동안 숙박을 하고 싶습니다.

166 I'd like a room with a nice view.
전망이 좋은 방을 원합니다.

167 Can we have a table by the window?
창가 쪽에 있는 자리를 주시겠어요?

168 I'd like to have the roast chicken in lemon sauce.
레몬 소스에 절인 구운 치킨으로 하겠습니다.

169 Can you bring me another knife, please?
다른 나이프를 가져다 주시겠습니까?

Pattern 164

I have reserved~ / We have a reservation for~ / I have a reservation in the name of~

MP3 164

~을 예약했습니다 / ~로 예약했습니다 / ~라는 이름으로 예약을 했습니다

호텔 객실이나 식당 좌석 예약을 확인하고자 할 때 사용하는 표현이다. 자신 또는 다른 사람의 이름으로 예약을 했을 경우 in the name of~ 또는 under the name of~로 표현할 수 있다.

Step 1 Basic Pattern

이 호텔의 객실을 예약했습니다.
I have reserved a room in this hotel.

이번 주말을 위해 2인실 두 개를 예약했습니다.
I have reserved two double rooms for this weekend.

오늘 오후 6시 5인 그룹을 위한 테이블을 예약했습니다.
I reserved a table for a group of five for 6 P.M. today.

오늘 저녁 7시 30분 저녁 식사 예약을 했습니다.
We have a reservation for dinner at 7:30 this evening.

찰스 싱클레어라는 이름으로 2인실을 예약했습니다.
I have a reservation for a double room in the name of Charles Sinclair.

Step 2 Situation Dialog

A **I have reserved** a table for six for Sunday. I would like to double check my reservation.

B I will check it for you. May I have your name please?

A 일요일 6인을 위한 테이블을 예약했습니다. 예약이 되었는지 다시 한 번 확인하고 싶습니다.

B 확인해 드리겠습니다. 성함을 말씀해주시겠습니까?

Step 3 Exercise

a. 1인실을 1주일 동안 예약했습니다.

_____

b. 에릭 존스라는 이름으로 침대가 2개 있는 객실을 예약했습니다. (twin room)

_____

Pattern 165: I'd like to check in~ / I need a room~ / I want to stay here for~

~숙박하고 싶습니다 / ~방이 필요합니다 / ~동안 여기서 머물고자 합니다

호텔에서 체크인을 하거나 객실이 있는지 문의할 때 사용하는 표현이다. 이 외에도 형용사 available 이나 명사 vacancy를 이용한 문장으로 표현할 수도 있다: Is a single room available for tonight? / Do you have any vacancy

Step 1 Basic Pattern

이 호텔에서 숙박을 하고 싶습니다.
I'd like to check in at this hotel.

이틀 동안 숙박을 하고 싶습니다.
I'd like to check in for two nights.

우리 그룹을 위해 1인실 5개가 필요합니다.
I need five single rooms for my group.

이번 주말을 위해 일인용 스위트 룸이 필요합니다.
I need one bedroom suite for this weekend.

금요일부터 일요일까지 3일을 이곳에서 지내고자 합니다.
I want to stay here for three nights from Friday to Sunday.

Step 2 Situation Dialog

A Good afternoon, welcome to the Plaza Hotel. How can I help you?

B **I'd like to check in.** I have a reservation for today.

A 안녕하세요. 플라자 호텔에 오신 것을 환영합니다. 무엇을 도와드릴까요?
B 체크인을 하고 싶습니다. 오늘을 위한 예약이 되어 있습니다.

Step 3 Exercise

a. 오늘 밤을 위한 2인실 두 개가 필요합니다.

___

b. 이곳에서 이번 주말을 지내기를 원합니다. 2인실이 가능한가요? (available)

___

I'd like to have a room with~? / Do you have a room with~?

◦ MP3 166 ◦

~이 있는 방을 원합니다 / ~이 있는 방이 있습니까?

원하는 전망이나 시설이 되어 있는 객실이 가능한지 문의하는 표현이다. '~한 방을 구할 수 있나요?'라는 의미로 Can I get a room with~? 구문을 사용할 수 있다.

Step 1 Basic Pattern

전망이 좋은 방을 원합니다.
I'd like a room with a nice view.

시내가 내려다 보이는 방을 원합니다.
I'd like a room with a view of the city.

공원이 내려다 보이는 방을 원합니다.
Do you have a room with a view of the park?

온돌이 설치된 방이 있나요?
Do you have a room with underfloor heating installed?

전망이 좋고 발코니가 딸린 조용한 방을 원합니다.
I would like a quiet room with a nice view and a balcony.

Step 2 Situation Dialog

A If possible, **I would like a room with** a view of the lake.
B All rooms on the fifth floor and up have lake views. I will give you one on the sixth floor.

A 가능하다면, 호수가 내려다 보이는 방을 원합니다.
B 5층 이상에 있는 객실은 모두 호수가 보입니다. 6층에 있는 객실을 드리겠습니다.

Step 3 Exercise

a. 바다가 내려다 보이는 방이 있나요? (an ocean view / a view of the ocean)

____

b. 자연광이 잘 드는 방을 원합니다. (good natural light)

____

Pattern 167

Can I have a table~? / Do you have a table~? / I would like a table~

◦ MP3 167 ◦

~자리를 주시겠어요? / ~자리가 있나요? / ~자리를 원합니다

식당에서 원하는 좌석을 요구하는 표현이다.

Step 1 Basic Pattern

두 사람을 위한 자리를 주시겠어요?
Can I have a table for two?

창가 쪽에 있는 자리를 주시겠어요?
Can we have a table by the window?

창가 근처에 네 사람을 위한 테이블이 있나요?
Do you have a table for four near the window?

금연 구역의 테이블을 원합니다.
We'd like to have a table in the non-smoking section.

오늘 오후 7시 여덟 사람을 위한 테이블을 원합니다.
I'd like to have a table for eight people at 7 P.M. today.

Step 2 Situation Dialog

A **Can I have a table** for two, please? I'd like to have one near the window.
B Just a minute. I will find one for you.

A 두 사람을 위한 테이블을 주시겠어요? 창가 근처에 있는 자리를 원합니다.
B 잠깐만 기다리세요. 찾아 드리겠습니다.

Step 3 Exercise

a. 여섯 명을 위한 테이블이 있나요?

_____

b. 오늘 오후 6시 후에 네 명을 위한 창가 근처의 테이블을 원합니다.

_____

Pattern 168: I'll have~ / I'd like~

~로 하겠습니다

식당에서 음식을 주문하는 표현이다. 메뉴판을 보고 음식을 주문할 때는 정관사 the를 사용하는 것이 바른 표현이다. 예문 1의 경우 I want the beef steak dish listed on the menu와 같은 의미이다.

Step 1 Basic Pattern

비프 스테이크로 하겠습니다.
I'll have the beef steak.

야채 샐러드로 시작하겠습니다.
I'd like to start with the vegetable salad.

레몬 소스에 절인 구운 치킨으로 하겠습니다.
I'd like to have the roast chicken in lemon sauce.

소스를 조금 덜 맵게 해주세요.
I'd like to have the sauce less spicy.

스테이크를 완전히 익혀 주세요.
I'd like my steak well done.

* 음식의 익힌 정도는 다음과 같이 표현한다.
 rare 살짝 익힌 / medium rare 약간 덜 익힌 / medium 중간 정도 익힌 / well done 완전히 익힌

Step 2 Situation Dialog

A How do you like your steak cooked?
B Medium, please. **I'd** also **like** French fries with the steak.

A 스테이크는 어떻게 요리해 드릴까요?
B 중간으로 익혀주세요. 그리고 프랜치 프라이도 스테이크와 함께 주세요.

* French fries 프랑스식 감자 튀김

Step 3 Exercise

a. 버섯 수프로 시작하겠습니다. (the mushroom soup)
_____

b. 감자와 구운 연어 요리로 하겠습니다. (the baked salmon with potatoes)
_____

Pattern 169

Can you bring me~? / Could you bring me~?

◦ MP3 169 ◦

~을 가져다 주시겠습니까?

식사 전이나 식사 도중에 추가적으로 더 요구할 것이 있을 때 사용할 수 있는 표현이다. 식사 후 계산서 요청도 이 구문을 사용한다. 동사 bring 대신 get을 사용할 수 있다. 근본적으로 Can I have~? 의문 Can I have some water, please? 등과 의미의 차이는 없다.

Step 1 Basic Pattern

따뜻한 물을 가져다 주시겠습니까?
Can you get me some hot water, please?

우유 한 잔 가져다 주시겠습니까?
Can you bring me a glass of milk, please?

다른 나이프를 가져다 주시겠습니까?
Can you bring me another knife, please?

냅킨을 가져다 주시겠습니까?
Could you bring me some napkins, please?

계산서를 가져다 주시겠습니까?
Could you bring me the check, please?

Step 2 Situation Dialog

A   I dropped my spoon on the floor. **Can you bring me** another one, please?
B   Please wait a moment. I'll bring you a new one.

A   스푼이 바닥에 떨어졌어요. 다른 것으로 가져다 주시겠어요?
B   잠시 기다리세요. 새 것으로 가져다 드리겠습니다.

Step 3 Exercise

a. 커피 한 잔 가져다 주시겠어요?

___

b. 마실 것을 좀 가져다 주시겠어요?

___

Unit Exercise

다음 문장을 영어로 표현하시오.

1. 김이라는 이름으로 2인실을 예약했습니다.

2. 이 호텔에서 숙박을 하고 싶습니다. 오늘 밤 1인실이 가능한가요?
   (available for tonight)

3. 발코니가 딸린 방이 있나요?

4. 오늘 오후 2시 다섯 명을 위한 테이블을 원합니다.

5. 스테이크는 약간 덜 익히게 요리해주세요. (medium rare)

6. 두통이 있어요. 아스피린을 좀 가져다 주시겠어요?

Unit 25.
초대, 축하, 감사, 및 감정 표현

170 I would like to invite you to dinner.
    귀하를 만찬에 초대하고 싶습니다.

171 I will be happy to attend your party.
    기꺼이 귀하의 파티에 참석하겠습니다.

172 I am afraid I can't accept your invitation.
    죄송하지만 당신의 초대에 응할 수가 없군요.

173 I appreciate your suggestion.
    귀하의 제안에 감사 드립니다.

174 Congratulations on your new business.
    귀하의 새 사업을 축하합니다.

175 I am sorry for having bothered you.
    성가시게 해서 미안합니다.

176 I am disappointed at the news.
    저는 그 소식에 실망했어요.

177 We are expecting good results.
    우리는 좋은 결과를 기대하고 있습니다.

I would like to invite~ / We are pleased to invite~

• MP3 170 •

~에 초대하고 싶습니다 / ~에 초대하게 되어 기쁩니다

상대방을 행사에 초대하는 표현이다. 저녁 식사 또는 생일 파티 같은 개인적인 소규모 행사에서부터 컨퍼런스나 포럼 등의 대규모 행사에 이르기까지 폭넓게 사용할 수 있다.

Step 1 Basic Pattern

귀하를 만찬에 초대하고 싶습니다.
I would like to invite you to dinner.

귀하를 우리 회사에 초대하게 되어 기쁩니다.
We are pleased to invite you to visit our company.

귀하를 이 워크샵에 참여하도록 초대하게 되어 기쁩니다.
We are pleased to invite you to participate in this workshop.

7월 21일에 열리는 국제 포럼에 귀하를 초대하게 되어 기쁩니다.
We take pleasure in inviting you to the international forum on July 21.

이 행사에 귀하를 초대하게 되어 영광입니다.
It would be an honor to invite you to this event.

Step 2 Situation Dialog

A Do you have plans for the weekend, Robert?
B I don't have anything scheduled yet. Why are you asking me?
A I am going to have a party this Saturday. **I'd like to invite** you.

A 이번 주말에 계획이 있나요, 로버트?
B 아직 정해진 것은 없어요. 왜요?
A 이번 토요일 파티를 열려고 해요. 당신을 초대하고 싶어요.

Step 3 Exercise

a. 이번 금요일 당신을 바베큐 파티에 초대하고 싶습니다.
___

b. 2월 15일 자 기자 회견에 당신을 초대하게 되어 기쁩니다.
___

Pattern 171

I will be happy to attend~ / I would be happy to attend~

~에 기꺼이 참석하겠습니다

∘ MP3 171 ∘

초대에 응하겠다는 승낙 표현이다. 캐주얼한 표현으로 I will be there 또는 I wouldn't miss it과 같이 간략하게 표현할 수도 있다.

Step 1 Basic Pattern

기꺼이 참석하겠습니다.
I will be pleased to attend.

기꺼이 귀하의 파티에 참석하겠습니다.
I will be happy to attend your party.

그 행사에 참석할 수 있어 기쁩니다.
I will be delighted to attend the event.

그 회의에 기꺼이 참석할 것입니다.
I would be delighted to attend the meeting.

그 축하 행사에 기꺼이 참석할 것입니다.
I would be delighted to be part of the celebration.

* be part of the celebration '행사의 일부가 되다', 즉 '행사에 참여하다'라는 의미

Step 2 Situation Dialog

A I'd like to invite you and Monica to my birthday party this Friday, if you are free.
B Thank you so much, **we'd be delighted**.

A 모니카하고 너를 이번 금요일 내 생일 파티에 초대하고 싶어, 시간이 있다면 말이야.
B 고마워, 기꺼이 참석할게.

Step 3 Exercise

a. 그 행사에 반드시 참석할 것입니다. (will definitely)

_____

b. 귀하의 결혼식에 기꺼이 참석하겠습니다. (happy)

_____

I can't~ / I am not able to~

~할 수가 없습니다

초대에 응하거나 또는 초청된 행사에 참석할 수 없음을 알리는 표현이다. 참석하지 못해 미안하다는 감정을 나타내기 위해 I am sorry~, I am afraid~, I regret~ 등의 어구를 함께 사용한다.

Step 1 Basic Pattern

그 회의에는 참석할 수가 없습니다.
I won't be able to attend the meeting.

안됐지만 당신의 초대에 응할 수가 없군요.
I am afraid **I can't** accept your invitation.

우리는 이번에는 귀하의 초대에 응할 수가 없습니다.
We are unable to accept your invitation at this time.

일정이 겹치는 관계로 그 회의에는 참석할 수가 없습니다.
I will not be able to attend the meeting due to some conflicting commitments.

선약이 있어 귀하의 초대에 응할 수가 없습니다.
A previous engagement prevents me from accepting your invitation.

Step 2 Situation Dialog

A Jessica and I are having a party on Friday. Are you joining us, Mike?
B I am sorry but **I can't** accept your invitation. I've scheduled an appointment already for that day.

A 나는 제시카와 함께 이번 금요일 파티를 열려고 해. 너도 참석할래, 마이크?
B 미안해. 초대에 응할 수가 없어. 그날 이미 약속이 잡혀있어.

Step 3 Exercise

a. 예상치 못했던 일이 생겨 회의에 참석할 수가 없습니다. (due to / unexpected business)

_____

b. 사전 약속이 있어 귀하의 초대에 응할 수가 없습니다. (prior commitments)

_____

Thank you for~ / I appreciate~ / I am grateful to ~ for~

○ MP3 173 ○

~에 감사합니다

감사 표현은 thank you 외에도 appreciate나 be grateful로 나타낼 수 있다.

Step 1 Basic Pattern

귀하의 도움에 감사드립니다.
Thank you for your support.

귀하의 제안에 감사드립니다.
I appreciate your suggestion.

저를 만나기 위해 시간을 내주셔서 감사합니다.
I appreciate you taking time to meet with me.

이 토론에 참가해주셔서 감사합니다.
I am grateful to you **for** joining this talk.

귀하께서 제게 해주신 노고에 감사드립니다.
I am grateful to you **for** what you've done to me.

Step 2 Situation Dialog

A **I would like to thank** you **for** coming here today.
B It is my pleasure.

A 오늘 이곳에 참석해주셔서 감사합니다.
B 오히려 제가 기쁩니다.

Step 3 Exercise

a. 귀하의 초대에 감사드립니다. (appreciate)

_____

b. 귀하의 환대에 감사드립니다. (grateful)

_____

Pattern 174: Congratulations on~ / I congratulate you on~

~을 축하합니다

졸업이나 승진 또는 그 외의 행사에 대한 축하 표현이다. 명사 congratulations on~ 또는 동사 congratulate you on~의 구문 형태를 취한다.

Step 1 Basic Pattern

졸업을 축하합니다.
Congratulations on your graduation.

귀하의 새 사업을 축하합니다.
Congratulations on your new business.

시험에 합격한 것을 축하합니다.
Congratulations on your passing exams.

귀하의 꿈을 이룬 것을 축하합니다.
I congratulate you on making your dream come true.

총지배인으로 승진한 것에 대해 축하합니다.
I would like to congratulate you on your promotion to general manager.

Step 2 Situation Dialog

A **Congratulations on** your successful completion of this course.
B Thank you so much. I wouldn't be here without your support.

A 이 과정을 성공적으로 마친 것에 대해 축하합니다.
B 감사합니다. 귀하의 도움이 없었더라면 해내지 못했을 것입니다.

Step 3 Exercise

a. 귀하의 새 지점을 연 것을 축하합니다. (congratulation)

_____

b. 귀하의 목표 달성을 축하합니다. (congratulate)

_____

I am sorry to hear~ / I apologize for~ / Please accept my apologies for~

~라니 유감입니다 / ~에 대해 사과드립니다 / ~에 대한 사과를 받아주십시오

I am sorry는 유감을 나타내거나 사과를 할 때 모두 사용 가능하다. 일반적으로 sorry to do something은 앞으로 행하고자 하는 일에 대한 양해를 구할 때 사용한다. 이에 반해 sorry for doing something은 이미 행한 행위에 대해 사과하는 표현이다.

Step 1 Basic Pattern

성가시게 해서 미안합니다. (사과)
I am sorry for having bothered you.

건강이 좋지 않다는 소식을 듣게 되어 유감입니다. (유감)
I am sorry to hear that you are not feeling well.

불편을 끼치게 되어 죄송합니다.
We apologize for any inconvenience caused.

귀하의 편지에 늦게 답장하는 것에 대해 사과드립니다.
I apologize for the delay in replying to your letter.

귀하와의 약속을 지키지 못한 것에 대한 사과를 받아 주십시오.
Please accept **my apologies for** missing my appointment with you.

Step 2 Situation Dialog

A **I apologize for** what I said today.
B Don't worry, let's forget about it..

A 오늘 했던 말에 대해 사과드립니다.
B 걱정하지 마세요. 그 일은 잊어 버리기로 합시다.

Step 3 Exercise

a. 잘못된 정보에 대해 사과드립니다.
_____

b. 그 실수에 대한 저의 사과를 받아 주십시오.
_____

Unit 25. 초대, 축하, 감사, 및 감정 표현 **247**

Pattern 176 I am disappointed~

~에 실망했습니다

낙담이나 실망감을 나타낼 때 가장 빈번하게 사용되는 단어는 disappoint이다. 사람이 주어인 경우에는 be disappointed로 수동형 문장을 취한다. 전치사는 at이나 with가 가장 일반적으로 사용되며 경우에 따라서 in 또는 by를 사용할 수도 있다.

Step 1 Basic Pattern

나는 너에게 실망했다.
I am disappointed in you.

나는 그 소식에 실망했다.
I am disappointed at the news.

나는 그 결과에 실망했다.
I am disappointed by the outcome.

나는 그 결정에 매우 실망했다.
I am deeply disappointed in the decision.

우리는 그 공연에 실망했다.
We are disappointed with the performances.

Step 2 Situation Dialog

A **I am just disappointed** in his choices.
B What on the earth did you expect from him?

A 나는 그의 선택에 정말 실망했어.
B 그에게서 도대체 무엇을 기대했었는데?

Step 3 Exercise

a. 나는 그 테스트 결과에 매우 실망했다. (at / result)
_____

b. 우리는 그로부터 더 많은 정보를 얻지 못해 실망했다. (about / get information from)
_____

Pattern 177: I am expecting~ / I anticipate~ / I am looking forward to~

~을 기대합니다 / ~을 예상합니다 / ~을 기대하고 있습니다

어떤 행위나 결과를 기대하거나 예상하는 표현이다. 예상하지 못했던 의외의 상황이 일어났을 경우는 부정문으로 나타낼 수 있다.

Step 1 Basic Pattern

나는 누군가를 기다리고 있습니다.
I am expecting someone.

우리는 좋은 결과를 기대하고 있습니다.
We are expecting good results.

나는 당신이 나의 제안을 받아 줄 것으로 기대했습니다.
I anticipated that you would accept my offer.

나는 그것이 문제가 된다고는 생각하지 않습니다.
I don't anticipate it being a problem.

우리는 귀하로부터 긍정적인 결과를 듣게 될 것을 기대하고 있습니다.
We are looking forward to hearing a positive response from you.

Step 2 Situation Dialog

A **I didn't anticipate** that that would happen.
B Neither did I.

A 나는 그런 일이 일어날 것이라고는 예상하지 못했어.
B 나도 마찬가지였어.

Step 3 Exercise

a. 나는 네가 여기 있을 것이라고는 예상하지 못했어.

b. 나는 귀하와 직접 만나 이야기할 것을 기대하고 있습니다. (in person)

Unit Exercise

다음 문장을 영어로 표현하시오.

1. 이번 토요일 우리 만찬 파티에 귀하를 초대하고 싶습니다.

2. 그 컨퍼런스에 기꺼이 참석하겠습니다. (delighted)

3. 일정이 겹쳐서 금요일 행사에는 참석할 수가 없습니다. (a scheduling conflict)

4. 이 설문 조사에 답하기 위해 시간을 내주셔서 감사합니다. (fill in this survey)

5. 귀하의 약혼을 축하하고자 합니다. (would like to)

6. 귀하께서 회사를 떠나신다는 것을 듣게 되어 유감입니다.

7. 우리는 그 선거 결과에 대단히 실망했다.

8. 우리는 지난 해의 판매 수치를 상회할 것으로 기대하고 있습니다. (surpass / sales figures)

APPENDIX(부록)

1. 시간 및 날짜 표현

(1) 시간 표현
시간을 표현하는 가장 간단한 방법은 시간과 분을 순서대로 12시 30분 = twelve thirty처럼 기록하는 것이다. 시간보다 분을 먼저 표현할 때는 to(몇 분 전) 또는 past(몇 분이 지난)를 사용한다.

- 2시 5분 전 – five to two / 3시 15분 – fifteen past three
  (15분은 fifteen 대신 a quarter로 나타낼 수 있다.)

09:30	nine thirty / half past nine
11:45	eleven forty five / a quarter to twelve (12시 15분 전)
04:15	four fifteen / a quarter past four
07:50	seven fifty / ten to eight

(2) 날짜 표기

❶ 미국식 표기
January 12, 2018 / January 12th, 2018
미국식 표기법은 달을 먼저 쓴 다음 날짜를 기록한다.

❷ 영국식 표기
12 January, 2018 / 12th January, 2018
영국식 표기법은 날짜를 먼저 쓴 후, 그 다음 달을 기록한다.

어느 표기법을 사용하든 상관 없다. 단, 같은 텍스트 내에서 일관성을 유지하도록 주의한다.

(3) 요일 및 달 표기
달과 요일을 표기할 때는 철자가 틀리지 않도록 주의한다. 업무상의 서류일 경우 상대방에게 신중하지 못하다는 인상을 줄 수가 있다. 약어를 사용할 때는 단어 끝에 마침표를 찍어야 한다.
* 괄호 안은 약어이다.

❶ 요일

월요일	Monday (Mon.)
화요일	Tuesday (Tue.)
수요일	Wednesday (Wed.)
목요일	Thursday (Thu.)
금요일	Friday (Fri.)
토요일	Saturday (Sat.)
일요일	Sunday (Sun.)

❷ 달

1월	January (Jan.)
2월	February (Feb.)
3월	March (Mar.)
4월	April (Apr.)
5월	May (May.)
6월	June (Jun.)
7월	July (Jul.)
8월	August (Aug.)
9월	September (Sep.)
10월	October (Oct.)
11월	November (Nov.)
12월	December (Dec.)

✓ Exercise ❯

A. 다음 시간을 영어로 표현하시오.

❶ 8:30

❷ 9:10

❸ 3:45

❹ 5:15

❺ 8: 50

B. 다음을 영어로 표기하시오.

❶ 6월 셋째 일요일 _____

❷ 4월 첫째 토요일 _____

❸ 10월 두 번째 금요일 _____

❹ 7월 두 번째 수요일 _____

❺ 11월 첫째 화요일 _____

2. 영미 철자법의 차이

(1) -or / -our
미국식 영어와 영국식 영어의 스펠링 차이에서 가장 두드러지게 나타나는 특징이다.

American	British	Meaning
color	colour	색, 빛깔
favorite	favourite	좋아하는
flavor	flavour	맛, 풍미, 취향
harbor	harbour	항구, 항만
humor	humour	유머, 익살
labor	labour	노동, 근로
neighbor	neighbour	이웃
odor	odour	냄새

(2) -ize / -ise
영국식 영어에서 -ize 또는 -ise로 끝나는 단어는 미국식 영어에서는 언제나 -ize로 표현된다.

American	British	Meaning
appetizer	appetiser	전채, 에피타이저
apologize	apologise	사과하다
organize	organise	준비하다, 정리하다
realize	realise	깨닫다
recognize	recognise	알아보다, 인식하다
symbolize	symbolise	상징하다

* 영국에서는 -ize와 -ise가 혼용되지만 주로 -ise 를 많이 사용한다.

(3) -er / -re

American	British	Meaning
center	centre	중심
fiber	fibre	섬유, 섬유질
liter	litre	리터 (부피의 단위)
somber	sombre	흐린, 침울한
theater	theatre / theater	극장

* 다음 단어들은 영미 모두에서 -re로 사용되고 있다.
acre 에이커 (면적 단위) / massacre 대학살 / mediocre 평범한, 썩 좋지는 않은

Appendix(부록) **253**

(4) -og / -ogue

American	British	Meaning
dialog	dialogue	대화
analog	analogue	유사의, 아날로그의
prolog	prologue	프롤로그, 도입부
epilog	epilogue	에필로그, 종결부
catalog	catalogue	목록, 카탈로그

* -ogue는 미국식 영어에서도 사용될 수 있다.

(5) -ense / -ence

American	British	Meaning
defense	defence	방어, 수비
license	licence	허가하다, 허가, 자격증
offense	offence	위법 행위, 범죄
analyze	analyse	분석하다
paralyze	paralyse	마비시키다, 무력화시키다
pretense	pretence	겉치레, 가식

* 일부 단어들은 동사와 명사의 차이를 나타내기도 한다.
  영) practise 동사, practice 명사 / 미) practice 동사 및 명사

(6) -ll / -l

모음 + l로 끝나는 단어가 모음으로 시작하는 어미와 연결될 때, 영국 영어에서는 ll이 된다.

American	British	Meaning
fueled	fuelled	fuel 연료; 연료를 공급하다
leveled	levelled	level 수준, 높이; 동등하게 만들다
libeled	libelled	libel 명예 회손; 명예를 회손하다
traveled	travelled	travel 여행; 여행하다
traveler	traveller	여행객

* 어떤 단어들은 영국 영어에서 l인데, 미국 영어에서는 ll을 사용한다.
  미) appall / distill / enthrall / fulfill, 영) appal / distil / ethral / fulfil

(7) 철자가 바뀌는 단어들

American	British	Meaning
check	cheque	수표
skeptic	sceptic	회의론자
cozy	cosy	아늑한
tire	tyre	바퀴, 타이어

3. 영미 단어의 차이

영미 간 서로 다르게 사용되는 단어들이다.

American	British	Meaning
apartment	flats	아파트
closet	wardrobe	벽장
counterclockwise	anticlockwise	시계 반대 방향
crosswalk	pedestrian crossing	횡단보도
drugstore	chemist	약국
elevator	lift	승강기
expressway; highway	motorway	고속도로
gasoline (gas)	petrol	휘발유
guardrail	crash barrier	(도로의) 중앙 분리대; 가드레일
hood	bonnet (of a car)	자동차 덮개
jump rope	skipping rope	줄넘기; 줄넘기 줄
license plate	registration plate	자동차 번호판
mailbox	postbox	우편함
movie theater	cinema	영화관
parking lot	car park	주차장
sidewalk	pavement	보도, 인도
soccer	football	축구
sweater	jumper	스웨터
truck	lorry	화물차, 트럭
vacation	holiday	휴가
legal holiday	bank holiday	공휴일 (public holiday)
zip code	postcode	우편번호

4. 텍스트 메시지 약어
(Chat acronyms & text message shorthand)

Chatting이나 Text message를 보낼 때 사용하는 약어들이다. 격식을 필요로 하는 비즈니스 서류나 메일에는 적합하지 않으나, 가깝고 친한 상대에게 편리하게 사용할 수 있는 표현들이다.

2	to 또는 too	HAY	How are you?
2b	to be	HTH	hope that helps 도움이 되길 바래
4	for	HIH	hope it helps
121	one to one		
182	I hate you	IC	I see 알겠어, 그렇군
^5	high five	ICBW	I could be wrong
AAR	at any rate	IMO	in my opinion 내 생각에는
AAMOF	as a matter of fact	J4F	just for fun
AKA	also known as 또 다른 말로	L8R	later 나중에 봐
ASAP	as soon as possible	LOL	laughing out loud 하하하, 너무 웃겨
ATST	at the same time	LOL	lots of love
			이메일이나 텍스트 메시지의 마지막에
B	be		하는 인사말
B4	before	MYOB	mind your own business
BFN	by for now 그럼 안녕		네 일이나 신경 써
BTY	by the way 그런데		
BZ	busy	OTOH	on the other hand 한편으로는
CMIW	Correct me if I'm wrong	OMG	oh my god 이런, 세상에
		PLS	please
FCFS	First come, first served	SRY	sorry
FOC	free of charge		
FYF	from your friend	TC	take care
FYI	for your information 참고로	THNQ	thank you
FYR	for your reference 참고로	thx	thanks
		10Q	Thank you
GJ	good job 잘했어		
GN8	good night	WD	well done 잘했어
GR8	great	TTYL	talk to you later 나중에 이야기하자
GTSY	glad to see you	TTYL8R	talk to you later

Unit 01 인사 및 자기 소개

Pattern 001 1. It is nice to see you.   2. It was good to see you again.
Pattern 002 1. My name is David Smith. You can call me Dave.
2. I am Sue Kim with the PR department.
Pattern 003 1. I work part time at a fast food restaurant.
2. I work as a designer in the public relations department.
Pattern 004 1. I come from a family of farmers.
2. I am from Hong Kong, and currently reside in California.
Pattern 005 1. I am in charge of this project.   2. I am in charge of the sales department.
Pattern 006 1. I am responsible for the education of new staff.
2. I am responsible for checking warehouse inventories.

Unit Exercise
1. I am pleased to meet you.
2. I am Smith with the sales department.
3. I work part time at a department store.
4. I am from Singapore, and currently reside in Tokyo.
5. I am in charge of quality control in the production line.
6. As a research team manager, I am responsible for new product development.

Unit 02 업무 지시 및 문의

Pattern 007 1. Can you explain that point more in detail?
2. Can you explain why we have to change the plan?
Pattern 008 1. I'd like you to join our research team.
2. I'd like you to take in charge of the program.
Pattern 009 1. How about meeting an hour early?
2. How about we discuss this issue further at the next meeting?
Pattern 010 1. Have you finished editing the draft?
2. Have you finished filling out the application form?
Pattern 011 1. When do we have to start the meeting?
2. When do I have to apply for the position?
Pattern 012 1. I have a problem with the Internet connection.
2. We have a few problems with launching our advertising campaign.

Unit Exercise
1. Can you explain how this system works?
2. I'd like you to talk to the manager in person.
3. How about we meet here again next Monday?
4. Have you finished examining the contract?
5. When do I have to hand in the report?
6. I have a few problems with arranging my schedule.

답안지 **257**

 ## Unit 03 전화 업무

Pattern 013
1. This is Peter from the Washington office.
2. This is Max from the customer service department.

Pattern 014
1. Can I speak to someone in customer service?
2. May I speak to the person in charge of the export department?

Pattern 015
1. I'm calling about your interview this Wednesday.
2. I'm calling to inform you that your order has been shipped.

Pattern 016
1. I'll connect you to my manager.
2. I'll put you through to the quality control department.

Pattern 017
1. I'm afraid he is with a client right now.
2. I'm sorry, but he is on a business trip at the moment.

Pattern 018
1. Can I call you back later in the afternoon?
2. Could you leave a message for her?

Pattern 019
1. Please tell him that the meeting venue has been changed.
2. Please tell him that the seminar has been canceled.

Pattern 020
1. I will make sure to send you the report via e-mail.
2. I will make sure it won't happen again.

Unit Exercise
1. This is Jane from the accounting department.
2. Can I speak to the person in charge of advertising?
3. I'm calling to confirm my reservation.
4. I'll put you through to the maintenance department.
5. I'm sorry, but he is away on vacation at the moment.
6. Can I call you back in an hour?
7. Please tell him I will call back at about 3 o'clock today.
8. I will make sure that he attends the meeting on time.

 ## Unit 04 이메일

Pattern 021
1. I am writing to thank you for all your help and support.
2. I am writing to apply for the position advertised on your website.

Pattern 022
1. I'd like to inquire about the availability of office space for lease.
2. I'd like to inquire about the status of my application for the post of sales manager.

Pattern 023
1. I am responding to your request for information on our scopes of services.
2. I am writing in response to your inquiry about our room availability and rates.

Pattern 024
1. Can you please send us your latest catalog and price list?
2. Please send us your resume with your recent photo.

Pattern 025
1. We are pleased to inform you that we have reserved accommodations for you.
2. We are pleased to inform you that we are opening our branch in Tokyo next month.

Pattern 026
1. We regret to inform you that your application has not been successful.
2. We regret to inform you that our office in the city will be closing next week.

Pattern 027
1. I have attached herewith a revised file for your approval.
2. Please find attached herewith the scanned copy of the certificate.

Pattern 028
1. If you have any further queries, please do let me know.
2. If you have any further queries, please don't hesitate to contact us.

Unit Exercise
1. I am writing to ask for some information about the products you sell.
2. I'd like to inquire about the wholesale price of each item in your catalogue.
3. I am responding to your e-mail regarding the hotel's cancellation policies.
4. I would appreciate if you sent us your latest catalog.
5. We are pleased to inform you that you have been awarded a research grant.
6. We regret to inform you that our Beijing office will be closing next month due to the downsizing of our business.
7. As you requested, I have attached herewith my resume and references for your review.
8. If you have any further queries, please do let us know as soon as possible.

Unit 05 업무 일정

Pattern 029
1. You're scheduled to travel to Singapore next Tuesday.
2. He is scheduled to arrive at the airport 9:30 in the evening.

Pattern 030
1. When is the due date for applying for the position?
2. When is the deadline for handing in the financial report?

Pattern 031
1. When do you expect to complete the renovation?
2. When do you expect to conclude your investigation?

Pattern 032
1. Can you finish arranging the conference room by noon?
2. Can you finish uploading the photos by tomorrow morning?

Pattern 033
1. It will be ready in a few hours.   2. It will be done by tomorrow afternoon.

Pattern 034
1. The construction work is several months behind schedule.
2. The meeting started a few minutes behind schedule due to a sudden power failure.

Unit Exercise
1. Our London office is scheduled to open next week.
2. When is the deadline for applying for the volunteer program?
3. When do you expect to move into the new building?
4. Can you finish repairing the damage by the end of the week?
5. It will be done by 10 o'clock in the morning.
6. The flight took off more than an hour behind schedule due to heavy rain.

Unit 06 일정 조정 및 변경

Pattern 035
1. Can you reschedule your appointment for next week?
2. Would it be possible to reschedule your visit to Paris?

Pattern 036
1. Can you move up the departure time (by) an hour?
2. Can you move up the release date for the new model a few weeks?

Pattern 037
1. Can we push the conference back a week?
2. Can we push our meeting back about an hour?

Pattern 038
1. Can I get an extension for the proposal until tomorrow?
2. Can I get a few days' extension on the report? /
   Can I get an extension on the report for a few days?

Pattern 039
1. I am available all day tomorrow.   2. I am available anytime next week.

Pattern 040
1. I am booked up all day tomorrow.
2. My schedule is all booked up for next week.

Unit Exercise
1. Would it be possible to reschedule the hearing for next Friday?
2. Can we move up the opening date to May 1st?
3. Can we push our meeting back until tomorrow?
4. Can I get an extension on the deadline for the application?
5. I am available tomorrow morning from 9 to 11 A.M.
6. My schedule for this week is completely booked up with meetings.

Unit 07 약속 및 접대

Pattern 041
1. Can we meet on October 12th?
2. Can we meet at the bus terminal tomorrow morning?

Pattern 042
1. Are you available for lunch today?
2. Are you available next Monday at around 5 P.M.?

Pattern 043
1. Would it be convenient for you to have a meeting on Wednesday?
2. Would it be convenient for you to meet with me at around 10 tomorrow morning?

Pattern 044
1. Let's make it next week then.   2. Let's make it at my office instead.

Pattern 045
1. I will be waiting here until he comes back.
2. I'll be waiting for you in the lobby after the event.

Pattern 046
1. I'll drop by your shop on my way home.
2. I'll drop by your office someday next week.

Pattern 047
1. I'll pick you up at half past two on Monday.
2. I'll pick you up at the airport and take you to the hotel.

Pattern 048
1. I'll give you a ride to the next service station.
2. I'll give you a ride back to the hotel after the meeting.

Unit Exercise
1. Can we meet at the airport at 2:30 tomorrow afternoon?
2. Are you available for dinner Thursday night?
3. Would it be convenient for you to drop by my office before 4 P.M. today?
4. Let's make it tomorrow morning then.
5. I'll be waiting for you at the entrance of the concert hall.
6. I'll drop by your office at around three this afternoon.
7. I'll pick you up at your hotel at a quarter to nine tomorrow morning.
8. I'll give you a ride to your office tomorrow if you want.

Unit 08 면접

Pattern 049
1. I grew up in California and studied political science at Texas University.
2. I am originally from Los Angeles, but moved to Seattle 7 years ago.

Pattern 050
1. I received a Bachelor's degree in History from Cornel University last year.
2. I have just finished my Master course in Computer Science at Oxford University.

Pattern 051
1. I have 10 years of experience in computer programming.
2. I have been working for an independent solicitor for the last few years.

Pattern 052
1. I enjoy problem solving and helping people.
2. I'm a good communicator and enjoy working with people of different cultures.

Pattern 053
1. I have the ability to listen as well as respond.
2. I believe one of my biggest strengths is punctuality.

Pattern 054
1. I tend to take decisions very quickly.
2. I am very shy and get nervous when talking to strangers.

Unit Exercise
1. I grew up in Seoul and I studied mathematics at a university.
2. I studied at the University of Florida and received my MBA this year.
3. I have worked in hotel management for 5 years in Nevada City.
4. I like being with people and enjoy working as a team.
5. I am good at staying focused among the distractions.
6. My biggest weakness is that I am a bit lazy about something which I am not interested in.

Unit 09 회의

Pattern 055
1. We are going to have a meeting tomorrow afternoon.
2. We are planning to have a meeting with the sales team next Friday.

Pattern 056
1. We're here today to discuss our new product plan.
2. The purpose of the meeting is to discuss next year's marketing strategy.

Pattern 057	1. Let's start with the new investment plan.
	2. The first item on the agenda is the sales performance in the second quarter.
Pattern 058	1. My point is that we need some more employees.
	2. My point is that we have no time to waste.
Pattern 059	1. What is your opinion on the price reduction?
	2. What is your view on the new investment plan?
Pattern 060	1. I agree with you to a certain degree. 2. I agree to accept the offer.
Pattern 061	1. I disagree with what you said. 2. I disagree with the investment decisions.
Pattern 062	1. We have decided to launch a new product. /
	We have decided to release a new product.
	2. We have decided to renew the maintenance contract.
Unit Exercise	1. We are having a meeting to discuss these issues tomorrow.
	2. The purpose of the meeting today is to discuss how to improve our delivery service.
	3. The first item on the agenda is the workplace safety report.
	4. My point is that investors are always looking for good investment opportunities.
	5. What is your opinion on the new ad campaign?
	6. I agree to the terms and conditions of the contract.
	7. I don't agree with the solution he suggests at all.
	8. We have decided not to release new products until next year.

Unit 10 발표

Pattern 063	1. My topic today is Employer Responsibilities.
	2. The topic of my presentation today is about three major risk factors in business.
Pattern 064	1. My presentation consists of four main sections.
	2. I am going to divide my presentation into the following three parts.
Pattern 065	1. Let's begin by looking at the role of planning.
	2. I'd like to begin with a brief definition of outsourcing.
Pattern 066	1. To begin with, I'd like to explain what is branding.
	2. To start with, I'd like to discuss how to motivate employees.
Pattern 067	1. Let's move on to the next topic, which is 'Consumer Behavior Analysis.'
	2. Let's move on to the next topic, which is 'Recruitment and Staff development.'
Pattern 068	1. I'd like to emphasize the need for staff education.
	2. I'd like to emphasize the importance of effective communication.
Pattern 069	1. Please look at the chart carefully.
	2. Please take a look at the line graph on the left.
Pattern 070	1. This graph shows total net sales over the first 6 months of the year.
	2. This diagram shows the relationship between the values of cars and their ages.
Pattern 071	1. In conclusion, the company's success is the result of its unique management style.
	2. All thing considered, it seems that gas prices will continue to increase over the next few years.

Pattern 072 1. Please let me know if you have any questions.
2. Does anyone have any questions or comments?

Unit Exercise 1. The purpose of my presentation today is to introduce new trends in social media marketing.
2. I have divided my presentation into the following three points.
3. I'd like to start with some general information on the energy industry.
4. First of all, I'd like to discuss the difference between branding and marketing.
5. I'll move on to the next point, which is sales promotion techniques.
6. I'd like to emphasize the need for a multidisciplinary research team.
7. Let's look at the bar graph on the right.
8. This chart shows our sales trends in the last financial year.
9. In summary, we can conclude that word of mouth is still the most powerful form of marketing.
10. Are there any questions you would like to raise?

Unit 11 제안 및 타협

Pattern 073 1. I suggest you talk to him first.
2. I suggest you go to see a doctor immediately.

Pattern 074 1. We can offer you a wide range of training courses.
2. I can give you an explanation on how it works.

Pattern 075 1. We are considering what to do next.
2. We are considering purchasing your products.

Pattern 076 1. We are willing to wait for another day.
2. We are willing to pay the price difference.

Pattern 077 1. We are in favor of working flexible hours.
2. We are in favor of investing in mutual funds.

Pattern 078 1. We have no alternative but to find another supplier.
2. We have no alternative but to sign the agreement.

Unit Exercise 1. I suggest you contact him immediately.
2. We can offer you a full refund if you are not satisfied.
3. We are considering revising our plan.
4. We are willing to assist you in performing the requested operation.
5. We are in favor of installing the new security system.
6. We have no alternative but to acknowledge the possibility.

답안지 **263**

Unit 12 사업 및 제품 문의

Pattern 079
1. We are interested in doing business with your company.
2. We are interested in distributing your products in the Asian market.

Pattern 080
1. We are looking for investment opportunities in Middle East.
2. We are looking for a furniture manufacturer with a good reputation.

Pattern 081
1. Can you provide us with agricultural products?
2. Can you supply us with cosmetics at wholesale prices?

Pattern 082
1. What sort of client does your company work with?
2. What kind of content do you make in your company? /
   What kind of content does your company make?

Pattern 083
1. We'd like to get detailed information on your food and drink products.
2. We'd like to get detailed information on the franchise program you are going to provide.

Pattern 084
1. Please let me know if you have the latest LG smartphones in stock.
2. Please let me know how many of the latest Apple iPhones you have in stock.

Pattern 085
1. Please explain the details of your investment program on track.
2. Please explain the details of benefits we can get from the deal.

Pattern 086
1. Please send us the price list of new mobile phones you have in stock.
2. Can you please send us a hard copy of your catalogue and current price list?

Unit Exercise
1. We are interested in selling your products in the domestic market.
2. We are currently looking for a new supplier with lower prices.
3. Can you supply us with household electric appliances?
4. What type of business is your company involved in?
5. We'd like to get detailed information on your company's core product and service lines.
6. Please let me know if you have the latest Samsung mobile phones in stock.
7. Please explain the details of the software products and services you can provide.
8. I would be grateful if you could send me a quote for the following items.

Unit 13 회사 및 제품 소개

Pattern 087
1. Our company is based in Paris and Amsterdam.
2. We are based in Los Angeles and employ over 100 staff.

Pattern 088
1. We specialize in supplying children's toys at competitive prices.
2. We specialize in importing a wide range of quality wines.

Pattern 089
1. Our target market is young housewives.
2. The main target market for this product is families with young children.

Pattern 090
1. The new iPhone is planned for release in December.
2. We anticipate that our new product will be released in May.

Pattern 091
1. We have launched a few new models in the last week.
2. We have launched new product lines in the Asian market.

Pattern 092
1. This product is designed to move heavy furniture easily.
2. This product is designed to satisfy a variety of consumers.

Unit Exercise
1. Our company is based in New York and is engaged in international trade.
2. We specialize in importing and distributing fresh fruits and vegetables.
3. Our target customers are doctors and other health care professionals.
4. The new product will be released at the end of the month, at the latest.
5. We have launched new products and services into the European market. *인도 가능
6. This product is designed for both indoor and outdoor use.

Unit 14 보증 및 서비스

Pattern 093
1. What is the warranty period for the refrigerator?
2. Do you offer an extended warranty on your vehicles?

Pattern 094
1. It comes with a lifetime technical support.
2. Every computer sold in our stores comes with an antivirus package.

Pattern 095
1. We guarantee that this information is correct.
2. We can guarantee total confidentiality of your personal information.

Pattern 096
1. This warranty will cover all parts and labor while it is still under warranty.
2. This warranty covers the costs of materials, but you must pay the labor costs.

Pattern 097
1. This warranty applies only to the first owner of the product.
2. This warranty is non-transferable and applies only to the original purchaser.

Pattern 098
1. We strive to provide our customers with the highest quality at all times.
2. We are committed to providing our customers with the most reliable products.

Unit Exercise
1. What warranty do you offer on this washing machine?
2. Our solar panels come with a 25 year manufacturer's warranty.
3. We guarantee high quality products and high levels of customer service at all times.
4. This warranty does not cover defects resulting from improper use or maintenance.
5. This warranty applies to the first owner of the product with a copy of the original sales receipt.
6. We aim to provide our customers with the highest quality services at all times.

Unit 15 가격 협상

Pattern 099
1. What is the price range for this workstation?
2. What is the price of rice per kilogram in China?

Pattern 100
1. We offer a 10% discount on all sportswear.
2. We offer discount up to 50% on selected items.

Pattern 101
1. Can you reduce your current price by 5%?
2. I wonder if you can reduce your price a little further.

Pattern 102
1. We will reduce the transaction costs.
2. We will reduce the price on selected items.

Pattern 103
1. These are the best hotel room rates available in this area.
2. Our prices are considerably lower than those of our competitors in the current market.

Pattern 104
1. Can I pay for this mountain bike by credit card?
2. I'd like to pay for the equipment in installments.

Pattern 105
1. There is an annual fee for membership.
2. There is a charge for parking, but admission is free.

Pattern 106
1. Payment must be made before shipment.
2. Your rent payments are due at the end of each month.

Unit Exercise
1. What is the manufacturing price of this product?
2. We offer a 20% discount for our services during the first week in September.
3. Can you reduce your current price by 10 %?
4. We decided to reduce the price of a new tablet PC to $145.
5. We aim to give our customers the best possible service.
6. Can I pay for the airline ticket in US dollars?
7. There is a joining fee of $150 for membership.
8. Payment must be made in full prior to shipment. / Invoices must be paid in full prior to shipment.

 주문

Pattern 107   1. I'd like to buy a bottle of wine.   2. I'd like to purchase some office furniture.

Pattern 108
1. I'd like to place an order for the following items.
2. I'd like to place an order for ten copies of the book.

Pattern 109
1. I'm sorry but that book is currently out of stock.
2. We are sorry but the camera you ordered is currently out of stock.

Pattern 110
1. New products are currently available in our shops.
2. This type of phone is available in a wide range of prices.

Pattern 111
1. How many samples do you need?
2. How many loaves of bread do you need?

Pattern 112   1. What size table do you need?   2. What type of glassware do you need?

Unit Exercise
1. I'd like to purchase a personal computer system.
2. I'd like to place an order for five kilograms of strawberries.
3. I'm afraid this product is temporarily out of stock.
4. The new model will be available on the market from 1st August.
5. How many bottles of wine do you need?
6. What type of computer do you need?

Unit 17 주문 변경 및 취소

Pattern 113 1. I would like to change the order of all items in this list.
2. I would like to make changes to my last order as follows.

Pattern 114 1. I'd like to cancel my recent order. I found that it was not what I wanted.
2. I ordered a laptop and a smartphone this morning. Could you cancel the smartphone, please?

Pattern 115 1. I'd like to return this handbag for a refund.
2. I'd like to return the table and chairs that I bought from your store.

Pattern 116 1. We do not accept returns of the items listed below.
2. We do not accept returns, unless it is damaged or defective.

Pattern 117 1. The shirt I bought at your store yesterday is missing a button.
2. I found that the pan I ordered via your website is missing its lid.

Pattern 118 1. I have a damaged item in my order.
2. The electric cooker I ordered via your website has arrived damaged.

Unit Exercise
1. I would like to make a change to the order I placed last Friday.
2. I'd like to cancel my order that I placed over your website.
3. I'd like to return this leather jacket that I bought from your store last Saturday.
4. We do not accept returns or exchanges on sale items.
5. I just noticed that the computer I ordered via your website is missing its keyboard.
6. The monitor I ordered via your website has arrived damaged.

Unit 18 배송

Pattern 119 1. How long does it take for orders to be delivered?
2. How many days does it take to receive a parcel from Hong Kong?

Pattern 120 1. When can I expect to receive that package?
2. When can I expect to receive a confirmation message from you?

Pattern 121 1. Can you send the food by same day delivery?
2. Can you send these flowers by next day delivery?

Pattern 122 1. Can you deliver the package by Thursday morning?
2. We need the overhead projector delivered by next Friday at the latest.

Pattern 123 1. We will process your order in three days after we received your payment.
2. Your order will be dispatched from our warehouse within 24 hours.

Pattern 124 1. The shipment will be delayed due to lack of supply.
2. The shipment will be delayed due to unexpected heavy snowfall.

Pattern 125 1. Your order will be delivered in three weeks.
2. Your shipment should arrive within 5 working days after you place your order.

답안지 **267**

Unit Exercise
1. How many days will it take to receive a package from Washington?
2. When can I expect to receive a replacement from you?
3. Can you send this gift box by next day delivery?
4. We need the storage boxes delivered to this address no later than August 21.
5. The items you ordered have already been dispatched by surface mail.
6. The shipment will be delayed due to circumstances beyond our control.
7. Your order will be shipped tomorrow and delivered in three working days.

Unit 19 협상

Pattern 126
1. Let's review the company's sales history.
2. Let's review all the options available to us at this time.

Pattern 127
1. We cannot accept these changes.
2. We cannot accept responsibility for that.

Pattern 128
1. We require an immediate action without further delay.
2. We require further information to support your point of view.

Pattern 129
1. It is essential for all attendees to comply with the dress code.
2. It is important for us to finish the work on time and within budget.

Pattern 130
1. There is no room for compromise on product quality.
2. There is no room for debate on who will be in charge of the project.

Pattern 131
1. Our priority is increasing warehouse capacity.
2. Our top priority is increasing sales through customer satisfaction.

Pattern 132
1. The relatively low return is a major obstacle to this business.
2. The high cost of raw materials has been a major obstacle to price reduction.

Pattern 133
1. The bottom line is that we must all abide by the rules.
2. The bottom line is that it is almost obsolete or will be soon.

Unit Exercise
1. Let's review the validity of the proposals.
2. We cannot accept this unilateral decision.
3. We require more time to evaluate the benefits of each option.
4. It is essential for us to have objective and unbiased opinions on these issues.
5. There is no room for discussion on who is attending the talks.
6. Meeting deadlines and keeping projects on budget should be your top priority.
7. The high cost of building materials is a major obstacle to this development project.
8. The bottom line is that the decision has already been made, and we must all abide by it.

Unit 20 계약

Pattern 134
1. We are prepared to pay the price difference.
2. We are prepared to pay more for high quality products.

Pattern 135
1. We have no objection to going ahead with the project.
2. We have no objection to the agreement reached at the meeting.

Pattern 136
1. The last thing we want to do is to waste our time.
2. The last thing we want is the breakdown of the deal.

Pattern 137
1. We reached an agreement on the fundamental terms and conditions.
2. We reached an agreement to invest in clean energy technology.

Pattern 138
1. The legislation goes into effect in August.
2. The agreement will go into effect with the approval of the board.

Pattern 139
1. The contract is valid until the end of this month.
2. This agreement is valid only if both parties supply all the required information.

Pattern 140
1. The contract can be terminated by either party with one month's notice.
2. The contract can be terminated if one party fails to fulfil their obligations.

Pattern 141
1. Your license will be renewed if the specified conditions are met.
2. This agreement can be renewed at the end of each term for a further 5 years.

Unit Exercise
1. We are prepared to accept the extension of the deadline.
2. We have no objection to the proposal in principle.
3. The last thing we want to do is to terminate the contract.
4. We reached an agreement on the revised terms and conditions of the contract.
5. The new regulations will come into effect early next year.
6. The contract is valid for three years and can be terminated at any time by either party.
7. The current contract expires on Friday, and we agreed to extend it for another year.
8. The contract will be renewed unless either side gives notice of termination.

Unit 21 불만 사항

Pattern 142
1. We are not satisfied with the quality of your products.
2. We are not satisfied with the solution you are offering.

Pattern 143
1. We are very disappointed with your customer service.
2. We would like to express our disappointment at your repeated delivery delays.

Pattern 144
1. I'd like to complain about the headphone I purchased online last week.
2. I'd like to make a complaint about the service I received from one of your staff.

Pattern 145
1. The vending machine in the lounge is out of order.
2. The headphone I bought last week does not work well.

Pattern 146
1. The hair drier I bought online has arrived damaged and is not working.
2. The camera I bought from your online store has been damaged during its shipment.

Pattern 147
1. Damage has occurred to the shipping crate during delivery.
2. I found that damage occurred to the package in transit and some items are lost.

Pattern 148
1. The outer box was ripped open on arrival.
2. The outer package has been ripped open during its shipment.

Pattern 149
1. I'd like to get my money back, if it is possible.
2. I'd like to cancel my order and get a refund for it.

Unit Exercise
1. We are not satisfied with the compensation you are offering.
2. We are disappointed with the poor quality and rude customer service at your store.
3. I'd like to make some complaints about your catering service I hired last weekend.
4. The vacuum cleaner I purchased last month has been out of order since last week.
5. I found that my order has arrived damaged during its shipment.
6. Damage occurred to the package during its shipment and its contents are wet.
7. The package was damaged on arrival, the outer box ripped open and contents stolen.
8. The alarm clock I bought online is not working and I'd like to get a refund for it.

Unit 22 출장 및 여행

Pattern 150
1. I will be out of the office till March 12.
2. I am going to Texas on a business trip at the end of the month.

Pattern 151
1. I'd like to book a flight from Seoul to Tokyo on Monday.
2. I'd like to make a flight reservation on your next flight for Los Angeles.

Pattern 152
1. Can I change my flight? I want to leave one day earlier.
2. I'd like to change my flight reservation on Tuesday to Thursday.

Pattern 153
1. I want to confirm my flight reservation to New York on Tuesday.
2. I'd like to confirm my room reservation for May 5 through 7.

Pattern 154
1. When is the next flight to Manchester going to leave?
2. What time does the train for Chicago leave?

Pattern 155
1. I am here for a job interview.   2. I am here to attend a press conference.

Unit Exercise
1. I will be out of office on Friday, returning on Tuesday.
2. I'd like to make a reservation for a flight to Paris.
3. I'd like to make changes to my flight reservation for this Saturday.
4. I'd like to confirm my reservation for a flight to Rome on Friday.
5. What time does the train for Boston leave?
6. I am here to discuss a new investment plan with my business partner.

Unit 23 교통 이용 및 장소 찾기

Pattern 156
1. Can you show me the way to the city library?
2. Could you show me the way to the convention center?

Pattern 157	1. Which direction is it to the village hall?
	2. Which exit should I take to get to the 63 building?
Pattern 158	1. Which bus goes to the city library?
	2. Where can I get a bus to the National Museum?
Pattern 159	1. Where do I get off to go to the convention center?
	2. Where do I get off to go to the National Museum?
Pattern 160	1. How many stops are there before the convention center?
	2. How many stops are there before the National Museum?
Pattern 161	1. How long will it take to get to the convention center?
	2. How long will it take to get to the National Museum?
Pattern 162	1. How much is the fare to the convention center?
	2. How much is the fare to the National Museum?
Pattern 163	1. Please take me to the Korean Embassy.
	2. Would you take me to the shopping mall?

Unit Exercise
1. Can you tell me how I get to Washington Square?
2. Which exit should I take to get to 5th Avenue?
3. Is there a bus that goes to the shopping mall from here?
4. Where do I get off to go to the Macy's department store?
5. How many stops are there before the Macy's department store?
6. How long will it take to get to the Macy's department store?
7. How much is the fare to the Macy's department store?
8. Can you take me to the Macy's department store?

Unit 24 숙박 및 식당

Pattern 164	1. I have reserved a single room for one week.
	2. I reserved a twin room in the name of Eric Jones.
Pattern 165	1. I need two double rooms for tonight.
	2. I want to stay here for this weekend. Is a double room available?
Pattern 166	1. Do you have a room with an ocean view? /
	Do you have a room with a view of the ocean?
	2. I'd like to have a room with good natural light.
Pattern 167	1. Do you have a table for six people?
	2. I'd like to have a table for four people near the window after 6 P.M. today.
Pattern 168	1. I'd like to start with the mushroom soup.
	2. I'd like the baked salmon with potatoes.
Pattern 169	1. Can you bring me a cup of coffee, please?
	2. Could you bring me something to drink, please?

Unit Exercise
1. I have a reservation for a double room under the name of Kim.
2. I'd like to check in at this hotel. Is a single room available for tonight?
3. Do you have a room with a balcony?
4. I'd like to have a table for five people at 2 P.M. today.
5. I'd like my steak medium rare.
6. I've got a headache. Can you bring me an aspirin, please?

Unit 25 초대, 축하, 감사, 및 감정 표현

Pattern 170
1. I would like to invite you to a barbeque party this Friday.
2. We take pleasure in inviting you to the press conference on February 15.

Pattern 171
1. I will definitely attend the event.
2. I would be happy to attend your wedding.

Pattern 172
1. I cannot attend the meeting due to unexpected business.
2. I am not able to accept your invitation because of prior commitments.

Pattern 173
1. I appreciate your invitation.   2. I am grateful to you for your hospitality.

Pattern 174
1. Congratulations on your new branch opening.
2. I congratulate you on achieving your goals.

Pattern 175
1. We apologize for the wrong information.
2. Please accept my apologies for the oversight.

Pattern 176
1. I am very disappointed at the result of the test.
2. We are disappointed about not getting more information from him.

Pattern 177
1. I didn't anticipate that you would be here.
2. I am looking forward to talking with you in person.

Unit Exercise
1. I would like to invite you to our dinner party this Saturday.
2. I would be delighted to attend the conference.
3. I will not be able to attend the Friday event due to a scheduling conflict.
4. We thank you for taking your time to fill in this survey.
5. I would like to congratulate you on your engagement.
6. I am sorry to hear that you will be leaving the company.
7. We are deeply disappointed by the results of the election.
   *= We are deeply disappointed about the results of the election.
8. We are expecting to surpass our last year's sales figures.

부록 Exercise

A. ❶ 8:30 – eight thirty / half past eight   ❷ 9:10 – nine ten / ten past nine
   ❸ 3:45 – three forty five / a quarter to four   ❹ 5:15 – five fifteen / a quarter past five
   ❺ 8:50 – five fifty / ten to nine

B. ❶ the third Sunday of June   ❷ the first Saturday of April
   ❸ the second Friday of October   ❹ the second Wednesday of July
   ❺ the first Tuesday of November

인덱스

ㄱ

이 가격은 ~최저가입니다	U15, P(attern)103. This is the best price~
~가격을 낮출 수 있나요?	U15, P101. Can you reduce the price~?
가격을 ~ 할인하겠습니다	U15, P102. We will reduce the price~
~을 가져다 주시겠습니까?	U24, P169. Can you bring me~?
~로 가주세요	U23, P163. Please take me to~
~에 감사합니다	U25, P173. Thank you for~; appreciate~
~을 강조하고 싶습니다	U10, P068. I want to stress~
~객실 예약을 확인하고 싶습니다	U22, P153. I'd like to confirm my room reservation~
~을 검토해 봅시다	U19, P126. Let's review~
결론은 ~입니다	U19, P133. The bottom line is that~
결론적으로	U10, P071. In closing~
~을 결정했습니다	U09, P062. We have decided~
결제는 ~까지 되어야 합니다	U15, P106. Payment is due~
~하는 경향이 있습니다	U08, P054. I tend to~
계약은 ~까지 유효합니다	U20, P139. The contract is valid for~
계약은 ~에 종료됩니다	U20, P140. The contract expires~
계약은 ~ 연장될 수 있습니다	U20, P141. The contract can be renewed~
~을 고려하고 있습니다	U11, P075. We are considering~
~이 고장 났습니다	U21, P004. ~is not working; ~ is out of order
~을 공급해주실 수 있나요?	U12, P081. Can you supply~?
~에서 공부했습니다	U08, P050. I studied at~
~에 관심이 있습니다	U12, P079. We are interested in~
~해도 괜찮으시겠습니까?	U07, P043. Is it convenient for you to~?
~구입할 수 있습니다	U16, P109. ~available
근무하는 ~입니다	U03, P013. This is~ from~
~근무한 적이 있습니다	U08, P051. I have worked~
~에서 근무합니다	U01, P003. I work~
기꺼이 ~을 하겠습니다	U11, P076. We are willing to~
~에서 기다리겠습니다	U07, P045. I'll be waiting~
~을 기대합니다	U25, P175. I am expecting~; I anticipate~

인덱스 **273**

~은 끝났나요?	U02, P010. Have you finished~?
~을 ~까지 끝낼 수 있나요?	U05, P032. Can you finish~ by~?

ㄴ

~로 넘어가겠습니다	U10, P067. Let's move on to~
~에 능숙합니다	U08, P053. I am good at~

ㄷ

~담당하고 있습니다	U01, P005. I am in charge of~
~에 대한 답변입니다	U04, P023. I am responding to~; I am writing in response to~
대금은 ~까지 지불되어야 합니다	U15, P106. Payments must be made~
대안이 없습니다	U11, P078. We have no alternative but to~
~데리러 가겠습니다	U07, P047. I'll pick you up~
이 도표는 ~을 보여줍니다	U10, P070. This graph shows~
~에 동의하지 않습니다	U09, P061. I disagree with~
~에 동의합니다	U09, P060. I agree with~
~에 잠깐 들르겠습니다	U07, P046. I'll drop by~

ㅁ

마감은 언제인가요?	U05, P030. When is ~ due?
만날 수 있을까요?	U07, P041. Can we meet~?
~에 만납시다	U07, P044. Let's make it~
~에 만족하지 않습니다	U21, P142. We are not happy with~
목표 시장은 ~입니다	U13, P089. The target market is~
추가 문의 사항이 있으시면	U04, P028. If you have any further questions~
문의하고 싶습니다	U04, P022. I'd like to inquire about~
문제가 있습니다	U02, P012. I have a problem with~

ㅂ

반갑습니다	U01, P001. It is nice to~

반드시 ~ 하도록 하겠습니다	U03, P020. I will make sure to(that)~
~은 반품이 되지 않습니다	U17, P116. We do not accept returns~
~을 반품하고 싶습니다	U17, P115. I want to return~
~을 받아들일 수 없습니다	U19, P127. We cannot accept~
발표는 ~로 구성됩니다	U10, P064. My presentation consists of~
방문 목적은 ~입니다	U22, P155. I am here for~; The purpose of my visit is to~
~이 있는 방을 원합니다	U24, P166. I'd like to have a room with~?
~로 인해 배송이 지연될 것입니다	U18, P124. The shipment will be delayed due to~
~로 가는 버스가 있나요?	U23, P158. Is there a bus that goes~?
~을 변경하고자 합니다	U17, P113. I would like to change~
~로 보내 주실 수 있나요?	U18, P121. Can you send it by~?
보내 주십시오	U04, P024. Please send us~
~(자질 또는 능력)을 보유하고 있습니다	U08, P053. I have~
~을 보장합니다	U14, P095. We guarantee~
보증 기간은 얼마인가요?	U14, P093. What is the warranty period for~?
보증은 ~에 적용됩니다	U14, P097. The warranty applies to~
보증은 ~이 포함됩니다	U14, P096. The warranty covers~
어떤 보증을 제공하나요?	U14, P093. What warranty do you offer on~?
~을 봐 주십시오	U10, P069. Please look at~
~에 대한 불만이 있습니다	U21, P144. I have a complaint about~
비행기는 몇 시에 ~ 하나요?	U22, P154. What time does the flight~?
~이 빠졌습니다 (~이 없습니다)	U17, P117. ~is missing

ㅅ

~을 사고 싶습니다	U16, P107. I'd like to buy~; I'd like to purchase~
~에 대해 사과 드립니다	U25, P175. I apologize for~
~사무실 자리를 비웁니다	U22, P150. I will be out of office~
(이 제품은 ~ 하도록) 설계되었습니다	U13, P092. This product is designed to~
설명 좀 해 주시겠습니까?	U02, P007. Can you explain~?
~에 대한 세부사항을 설명해주세요	U12, P085. Please explain the details of~

~에 소재하고 있습니다	U13, P087. We are based in~
~이 손상되어 도착했습니다	U17, P118. ~has arrived damaged
~이 손상되었습니다	U21, P147. Damage has occurred to~
~에 대한 수수료가 있습니다	U15, P105. There is a fee for~
~숙박하고 싶습니다	U24, P165. I'd like to check in~
~에 시간이 있습니다	U06, P039. I am available~
시간이 있으세요?	U07, P042. Are you free~?; Are you available~?
~부터 시작합니다	U09, P057. Let's start with~
~에서 시작합니다	U10, P065. Let's begin with~
~에 실망했습니다	U21, P143. I am disappointed with~
~에 실망했습니다	U25, P176. I am disappointed~

ㅇ

첫 번째 안건은 ~입니다	U09, P057. The first item on the agenda is~
알리게 되어 기쁩니다	U04, P025. We are happy to inform you~; We are pleased to inform you~
알리게 되어 유감입니다	U04, P026. I am sorry to inform you~; We regret to inform you~
약점은 ~입니다	U08, P054. My weakness is that~
~는 어느 길인가요?	U23, P157. Which way is it to~?
~는 어느 방향인가요?	U23, P157. Which direction is it to~?
어디서 내려야 하나요?	U23, P159. Where do I get off to go to~?
~까지 어떻게 가는지 알려 주시겠습니까?	U23, P156. Can you tell me how I can get to~?
언제 ~을 받을 수 있을까요?	U18, P120. When can I expect~?
언제 ~ 할 것으로 예상하나요?	U05, P031. When do you expect to~?
언제 ~ 해야 하나요?	U02, P011. When do I have to~
얼마나 걸릴까요?	U23, P161. How long will it take to get to~?
~은 얼마나 오래 걸리나요?	U18, P119. How long does it take~?
~은 얼마입니까?	U15, P099. What is the price of~?
~이 없습니다 (~이 빠졌습니다)	U17, P117. ~is missing
~의 여지는 없습니다	U19, P130. There is no room for~

연결시켜 드리겠습니다	U03, P016. I'll connect you to~; I'll put you through to~
~을 연장받을 수 있나요?	U06, P038. Can I get an extension on~?
~이 찢어져 열렸습니다	U21, P148. ~was ripped open.
~예약을 바꾸고 싶습니다	U22, P152. I'd like to change my reservation~
~을 예약했습니다	U24, P164. I have reserved~
예정보다 늦어지고 있습니다	U05, P034. ~behind schedule
예정입니다	U05, P029. We're scheduled to~
우선	U10, P066. Firstly~; To begin with~
우선 사항은 ~입니다	U19, P131. Our priority is~
~은 원하지 않습니다	U20, P136. The last thing we want to do is~
~라니 유감입니다	U25, P175. I am sorry to hear~
~까지 요금은 얼마인가요?	U23, P162. How much is the fare to~?
요점은 ~입니다	U09, P058. My point is that~
의견은 무엇입니까	U09, P059. What is your opinion on~?
이름은 ~입니다	U01, P002. My name is~
이메일을 보냅니다	U04, P021. I am writing to~
~에 이의가 없습니다	U20, P134. We have no objection to~
일정이 잡혀 있습니다	U06, P040. I am booked up~; I am on a tight schedule~
~입니다	U08, P049. P052. I am~

ㅈ

~에서 자랐습니다	U08, P049. I grew up~
~자리를 주시겠어요?	U24, P167. Can I have a table ~?
장애 요인은 ~입니다	U19, P132. A major obstacle is~
~의 재고가 있는지 알려 주세요	U12, P084. Please let me know if~ in stock
재조정할 수 있나요?	U06, P035. Can we reschedule~?
~을 전문으로 합니다	U13, P088. We specialize in~
전화 드렸습니다	U03, P015. I'm calling to(about)~
~라고 전해 주세요	U03, P019. Please tell him that~
몇 정거장 남았습니까?	U23, P160. How many stops are there before~?

~에 대한 정보를 얻고 싶습니다	U12, P083. We'd like to get information on~
~이 제공됩니다	U14, P094. It comes with~
~을 제공할 수 있습니다	U11, P074. I can give you~ ; / I can offer you~
~을 제공합니다	U14, P098. We provide~
~을 제안합니다	U11, P073. I suggest~
~을 졸업했습니다	U08, P050. I graduated from~
어떤 종류의 제품을~?	U12, P082. What kind of products~?
~을 좋아합니다	U08, P052. I enjoy~
죄송하지만, ~입니다	U03, P017. I'm afraid he (she) is~ ; I'm sorry, but he (she) is~
주문은 ~ 발송되었습니다	U18, P123. Your order has been dispatched~
주문은 ~에 도착할 겁니다	U18, P125. Your order will arrive~
~을 주문하고 싶습니다	U16, P108. I'd like to order~
주제는 ~입니다	U10, P063. My topic today is~
~할 준비가 되어 있습니다	U20, P134. We are prepared to~
까지는 준비될 것입니다	U05, P033. It will be ready~
~로 지불해도 될까요?	U15, P104. Can I pay~?
질문이 있으시다면~	U10, P072. If you have any questions~

ㅊ

~데려다 드리겠습니다	U07, P048. I'll give you a ride~ ; I'll give you a lift~
~에 찬성합니다	U11, P077. We are in favor of~
~에 기꺼이 참석하겠습니다	U25, P171. I will be happy to attend~
~을 찾고 있습니다	U12, P080. We are looking for~
책임이 있습니다	U01, P006. I am responsible for~
첨부합니다	U04, P027. I am attaching~ ; I have enclosed~
~에 초대하고 싶습니다	U25, P170. I would like to invite~
추가 문의 사항이 있으시면~	U04, P028. If you have any further questions~
~을 축하합니다	U25, P174. Congratulations on~
(몇 번) 출구로 가야 하나요?	U23, P157. Which exit should I take to get to~?
~로 출장을 갑니다	U22, P150. I am going on a business trip to~

~에 출시될 것입니다   U13, P090. It will be released~
~을 출시했습니다   U13, P091. We have launched~
~출신입니다   U01, P004. I come from~
~을 취소해주시기 바랍니다   U17, P114. Please cancel~

ㅋ

~의 카달로그를 보내주십시오   U12, P086. Please send us~

ㅌ

통화 할 수 있을까요?   U03, P014. Can(May) I speak~?

ㅍ

~이 파손된 채 배달되었습니다   U21, P146. ~arrived damaged
~은 품절입니다   U16, P109. ~out of stock.
~하는 것이 필수입니다   U19, P129. It is essential for us to~
~이 몇 개 필요하십니까?   U16, P111. How many~ do you need?
어떤 종류의 ~이 필요한가요?   U16, P112. What type of~ do you need?
어떤 크기의 ~이 필요한가요?   U16, P112. What size~ do you need?
~이 필요합니다   U19, P128. We require~
~까지 필요합니다   U18, P122. We need these by~

ㅎ

~로 하겠습니다   U24, P168. I'll have~
~하는 것이 어떨까요?   U02, P009. How about~?
~할 수가 없습니다   U25, P172. I can't~
~할인 혜택을 드립니다   U15, P100. We offer a discount~
~에 합의했습니다   U20, P137. We agreed~
~항공편 시간을 바꾸고 싶습니다   U22, P152. I'd like to change my flight time~
~항공권 예약을 확인하고 싶습니다   U22, P153. I'd like to confirm my flight reservation~
~행 항공편을 예약하고 싶습니다   U22, P151. I'd like to book a flight to~
~해도 될까요?   U03, P018. Can(May) I~?

~해 주었으면 합니다	U02, P008. I'd like you to~
~ 환불을 받고 싶습니다	U21, P149. I'd like to get a refund~
회의가 있습니다	U09, P055. We are having a meeting~
회의를 늦출 수 있을까요?	U06, P037. Can we push the meeting back~?
회의를 앞당길 수 있나요?	U06, P036. Can we move up the meeting~?
회의의 목적은 ~하기 위한 것입니다	U09, P056. The purpose of the meeting is to~
~효력을 발생합니다	U20, P138. ~go into effect